【巻頭特別篇】

世界最高のドライブコース

個人旅行なら、レンタカーで
気の向くままにドライブできる。
地球上にはこんなに素晴らしい
場所があるのかと感動する。
ここでは、私が世界最高と思う
ドライブコースを
二つ紹介したい。

世界最高のドライブコース①
アメリカ西海岸

フルシチョフが1959年にアメリカを訪問したとき、「資本主義には何らみるべきものはない。しかし、カリフォルニアの空気は素晴らしい」といったそうだ。私は、この意見の後半部に心から賛同する。

1960年代、サンフランシスコ国際空港で機外に出たとたんに、かぐわしい空気が身体《からだ》をとりまいた。針葉樹の香りが空気に満ち、花の香りが漂ってくる。戦災と高度成長で緑が消滅した東京の町に育った私には、信じられないほどの豊かさの象徴に思われた（豊かだから空気がかぐわしいのである。フルシチョフも、カリフォルニアの豊かさに圧倒されたのだろう）。

ゲーテが「君よ知るや、ツィトロンの花が咲き、黄金のオレンジが暗い葉陰に輝く国を？」と歌ったのはイタリアのことだが、私がこの詩を聞いて思うのは、カリフォルニアだ。いまでも、都市を離れれば、空気はすばらしい。これを満喫するには、ド

United States

シアトルの南100キロほどのところにあるレーニエ山。
車でかなりの高度まで登れる。この世のものと思われないほど
美しい湖や花畑が展開する。

Westcoast

オレゴン・コースト。これでも初夏の風景である。
冬なら気が滅入ってしまうだろう。オレゴン州には、
このように港も町も観光名所もない荒涼とした海岸が延々と続く。

ライブ旅行でないと無理である。

ワシントン州シアトルからカリフォルニア州サンディエゴまでのアメリカ西海岸約2370キロは、太平洋のダイナミックな景観が展開するドライブコースだ。日本でいえば、北海道の端から九州の端までくらいの距離になる。一回で走り抜けるのは無理なので、何回かにわける必要がある。

この沿線には、映画の舞台になった場所が多い。ヒッチコック監督の『鳥』の舞台はボデガ・ベイで、ティッピ・ヘドレン扮《ふん》する主人公メラニーが、サンフランシスコから鳥かごをもってドライブする。『アメリカン・グラフィティ』の舞台モデストは、サンフランシスコの東にある。『卒業』では、主人公のベンがロサンゼルスからカリフォルニア大学バークレイ校までスポーツカーを飛ばして行く。映画の最後で花嫁を強奪するのは、サンタバーバラだ。

これらすべての映画で、車が唯一《ゆいいつ》の移動手段になっている。実際、このあたりの道路には、驚くほかはない。片道6車線もあるロサンゼルスのフリーウエイを私が初めて走ったのは、東名高速道路が開通する前だった。高速で流れてゆく自動車の群れに前後左右を取り囲まれたときは、異様な感じがした（『エデンの東』は、自動車以前の時代だ。ここに出てくる鉄道はいまはなく、サリーナスとモントレイの間は、高速道路になっている)。

　シアトルからは、町も少なく、海岸や森の中の道が続く。オレゴン州からカリフォルニア州に入ると、空気が急に明るくなるような気がする。

　サンフランシスコから南に向けて、急ぐときには内陸幹線の5号線や101号線を走るが、余裕がある時には海に沿ったカリフォルニア1号線を走る。この道は、嵐《あらし》で崖《がけ》が崩れ、ときどき不通になったりする。赤や黄の花をつけるマジックカーペットという植物が、砂浜を被《おお》っている。海には、あざらしが泳いでいる。

　ロサンゼルスからは、ビーチボーイズの『サーフィンUSA』に出てくるビーチが続く。南カリフォルニアには、スペインの修道僧が作った古いミッション（修道院）が残っている。私の評価で一番美しいのは、サンディエゴの北にあるサンファン・カピストラノ・ミッションだ。

　最初にロサンゼルスからサンフランシスコまで走ったのは、1968年のことだった。それ以来、西海岸のドライブは、10回を越えた（ただし、一部分ずつ）。何度走っても、素晴らしいと思う。ドライブ旅行には、体力もいる。「これからあと、何回走ることができるだろうか？」。いままでは考えてもみなかったことを、最近は考えるようになってきた。

カリフォルニア州サンシメオンの山上に、忽然と出現するハースト・キャッスル（上）。これは、ネプチューンプール。澄み切った空気は、かぐわしい香りにつつまれている。ここは、オーソン・ウエルズの映画『市民ケーン』の舞台だ。

モントレイ半島にあるカーメル・バイ・ザ・シーの店先（下）。クリント・イーストウッドが市長をしていたこともある。別荘地を縫う「17マイル・ドライブ」という美しい道が、スパニッシュ・ベイまでくだっている。ここは、アメリカのハネムーン・スポットだ。

United States Westcoast

カリフォルニア1号線カブリロ・ハイウエイから見る太平洋。渡ってきた橋が遠くに見える。海に沿った山道なので時間はかかるが、それだけの価値がある。ただし、季節によっては、霧で何も見えなくなる。
札幌から留萌までの海岸沿いの国道231号線が、感じが似ている。カリフォルニアが懐かしくなって、そこを走ったこともある。

世界最高のドライブコース②
スコットランド
ハイランズ

J・R・R・トールキンの『指輪物語』の舞台は、空想世界の「ミドル・アース」ということになっている。しかし、これはハイランズに違いないと、私は信じている（『指輪物語』*The Lord of the Rings* は、ベトナム戦争時代のアメリカで若者の心をとらえ、大ベストセラーになった長編ファンタジー）。

例えば次の見開きの写真は、物語の主人公であるフロドやアラゴルンの一行が、霧降山脈の地下を通る長い長い暗闇《くらやみ》の坑道をぬけて、やっと地上に出たときに目撃したケレド・ザラム湖ではなかろうか？『指輪物語』では、「水面は静まりかえって、さざなみ一つなかった。滑らかな草地が、途切れなく続く裸の湖畔までくだっていた」

と描写されている（*The Fellowship of the Ring*, Book 2, Chap. 6, Lothlorien 訳は野口、以下同様）。

この章最終ページの写真の城は、いまは廃墟《はいきょ》だが、「そのかみ、世界は若く、山は緑だった」と『指輪物語』に歌われた時代には、着飾った貴人たちが集い、竪琴《たてごと》の音が響く場所だったに違いない。

「……いま世界は灰色となり、山は老いた。炉の火は消え、冷たい灰と化した。竪琴は鳴らず、槌音《つちおと》も響かない。デュウリン王の広間には、暗黒が住む」

この写真の湖こそ、「沈んだ星は、暗く風のない鏡の湖にいまも現われる。デュウリンの冠は、水底《みなそこ》深く横たわる。彼が眠りからさめるまで」と歌われた場所ではないか？　水面がかすかに赤く光っているのは、沈んだ星の残照だろうか？　不吉な様相の雲の中からは、怪鳥にまたがって、闇の国モルドールの使者ナズグルが現われそうである。この地上に災いと絶望をもたらすために……。

ハイランズは、スコットランドの北部山岳地方である。緯度57度なので、極東でいえば、サハリンより北、カムチャツカ半島の中ごろになる。

ロンドン・ヒースロー空港からドライブすると、スコットランド南部に到達するまでに2泊くらい必要だ。ハイランズはさらに奥にあるので、疲れ果ててしまう。ここ

もう一つの世界最高のドライブコースは、スコットランドの北部山岳地方ハイランズだ。
湖なのか入り江なのかよく分からない不気味な水面（上）。
牛の群れが現われて、普段は混まない道路も渋滞中（左頁中）。
牧場の中を道路が走る（左頁下）。境界に溝があり、道路に「キャトル・グリッド」という格子の蓋いをかぶせてある。蹄がめり込んでしまうので、羊は越えることができないのだそうだ。

Scotland
Highlands

をドライブするなら、グラスゴーまで空路にするのがよい。それでも、スカイ島などに行こうとすると、かなりの時間がかかる。

とくに問題なのは、1車線道路だ。20メートルおき位にある待避場で対向車をよける。だから、所要時間が見積もりを大幅に超過し、目的地に辿《たど》りつけないこともある。奥地をドライブする場合には、事前に地図を詳細に調べる必要がある。

ネス湖のあたりには森や牧場があるのだが、それより西と北に行くと、灌木《かんぼく》と岩とヘザーと湿地帯だけになる（ヘザーとは、日本で誤って「ヒース」と呼ばれている植物のこと。これが群生している場所がヒースである)。

ロバート・バーンズの詩「わが心ハイランズをさまよい……」(My heart's in the Highlands, my heart is not here,……）を読んだ人は、ロマンティックな場所を想像したかもしれない。しかし、実際は、荒涼たる原野なのだ。

「さいはての地」といった感傷的表現もあてはまらない。ここは、「異次元空間」なのである。視界の中に樹木や人工物がないので、対象の大きさが捉《とら》えられず、したがって、距離もよく分からない。遠くの湖の水面が傾いて見えることもある。前ページの写真の山も、スケールが把握しにくいのではなかろうか？　撮影時刻も、朝なのか夕方なのか、はたまた白夜《びゃくや》なのか、判然としない。

実をいうと、この写真を撮ったとき、白い一角獣が忽然《こつぜん》と現われたのである。しかし、現像すると何も写っていない。してみると、やはり幻覚だったのだろうか？

Scotland Highlands

新潮文庫

「超」旅行法

野口悠紀雄著

新潮社版

7121

Contents

「超」旅行法

本文写真　野口悠紀雄
新潮社写真部
本文地図　亀垣久美
ブックデザイン　新潮社装幀室

第1章　一人旅の魅力

私の海外旅行は一人旅

「こちらが有名な『最後の審判』。天井画は、旧約聖書の天地創造を描いたものでございます。では、バスの出発時間が迫っていますので、出口に参りましょう」。ガイドさんにせきたてられた日本人団体客が、バチカンのシスティナ礼拝堂を早足で通り過ぎてゆく。「せっかくの名画なのに、急ぎ足で残念ね」、「あとでガイドブックを見ればいいじゃない。それより、買い物、買い物」という会話も聞こえる。私は、あっけにとられて彼らを見送った。

実は、3時間も前から、私はこの礼拝堂にいたのである。それでもまだ立ち去りかねている。そもそも、イギリスでの会議の帰路にローマに立ち寄ったのは、修復が終わった『最後の審判』を心行くまで見たかったからだ。もし、さっきの団体客のようにせかされたら、フラストレーションが残るだけだろう。だから、私は、絶対に団体旅行には参加できない。

団体旅行では、個人の勝手な好みは許されない。行き先の選択についても、そうだ。例えば、イギリスのサフォーク地方にカージーという小さな町がある。しっくいと木で造った家並みが残っている魅力的な町だ（中世には、織物産業で栄えた）。街道は町の中心で一番低くなっており、そこを小川が横切っている。川といっても深さが数センチしかない浅瀬なので、橋はなく、車は小川をじゃぶじゃぶと渡ってゆく。その後をアヒルの行列がついてゆく。こののどかな田舎町を私は大好きなのだが、団体旅行で訪れるのは、まず不可能だろう。

ここに限らず、ヨーロッパやイギリスでは、魅力的な場所は、大都市ではなく、地方都市や田舎にある。イングランドの最も美しい風景は、都市ではなく田園である。アメリカで活気があるのは、ダウンタウンではなく郊外だ（多くの日本人が、アメリカの大都市の荒廃ぶりを見て驚く。例えば、デトロイトの中心部など、廃墟《はいきょ》のようだ。しかし、これは、ダウンタウンの風景である。車社会のアメリカでは、ダウンタウンの荒廃を放置したまま、新しい都市活動は郊外に分散しているのである。最近のアメリカ経済の活況を支えているのは、このような都市活動だ）。ロンドンやニューヨークをみて、「何とごみごみして汚いのだろう」と感じる人が多いだろうが、それはイギリスやアメリカの真の姿ではない。

団体旅行の目的地の殆《ほとん》どは、誰でも名前を知っている場所だ。「日本人旅行客が世界のあらゆる場所にあふれている」といわれるが、それは間違いである。確かにパリの街角で写真をとれば、必ず日本人が写るほど日本人が多い。しかし、郊外電車にわずか30分ほど乗ってサンジェルマン・アン・レという町まで出かければ、日本人観光客は見事に消えてしまう（この町には、森の中の魅力的なレストランがある）。

ミラノのブランドショップは、日本人客専用ではないかと思われるほど、日本人だらけだ。しかし、中央駅から30分ほど列車に乗ってコモ（コモ湖畔にある美しい街）にゆけば、日本人の姿をみかけるのは稀《まれ》である。そこから1時間ほど船に乗ってビラ・カルロッタという魅力的な庭園を訪れると、日本人の姿は全くない。

サンフランシスコの街にも日本人があふれているが、車で1時間ほどドライブしたところにあるカーメル・バイ・ザ・シーという小さな町には、日本人は殆ど来ない（ここは、アメリカでもっとも魅力的な観光地である）。そこからさらに太平洋岸を4時間ほどドライブしてハースト・キャッスルまで行くと、もう日本人を見かけることはない。ここは、日本語の普通のガイドブックには載っていない観光名所である（巻頭特別篇の写真を参照）。

パック旅行で訪れることができるのは、その国のほんの一面（多くの場合、例外的な一面）でしかないのである。

ホテルもそうだ。私の思い出に残っているホテルのすべては、地方都市や田舎にある。ニューヨークやパリのホテルには、不愉快な思い出しかない。そもそも、大都会で快適なホテルを見つけるのは不可能だと思う。しかし、団体旅行では、小都市の小さなホテルに泊るのは難しい。旅の印象は、泊ったホテルに影響される部分がきわめて大きい。そうだとすれば、団体旅行では、海外旅行の最も魅力的な部分を最初から放棄しているのではなかろうか。

個人旅行と団体旅行は別のもの

言葉が不自由な外国では、ガイドが案内してくれれば楽だ。航空運賃やホテル代も、団体なら安くなるだろう。だから、海外旅行を団体ですることに合理的な面があるのは、事実なのである。

この他にも、団体旅行が便利な場合がある。一人で旅行していると、旅の進行と安全に関するすべての責任は、自分自身が負う。列車や飛行機に乗り遅れたり、乗り違えたりしないためには、かなり神経を使う。ヨーロッパの列車には行き先が表示していないことも多いので、正しい列車なのかどうか目的地に着くまで不安だ。大きくて複雑な空港で乗り換える場合にも、ターミナルを間違えないかと心配になる。飛行機が遅れて乗り継ぎ便に間に合わない時など、これから先の旅程をどうしたらよいのか、パニックに陥る。これらすべてについて、団体旅行ならツアコンダクタが世話してくれるだろう。

一人旅だと、自分の持ち物からいつも目を離せないので、トイレに行くのさえ難儀なことがある。駅のトイレが地下にある場合、大きなスーツケースを持って階段を降りなければならない。旅先で怪我《けが》をしたり病気になった場合、一人では心細い。夕食を一人でするのも、誠にみじめなものだ。よいレストランを見つけても、一人では入りにくい。

私は、海外旅行の直前になると、いつも出かけるのが億劫《おっくう》になる。それは、このような労苦を思い浮かべるからだ。「前途三千里の思い胸にふさがりて……」とは、現代でも変わらぬ旅人の心境なのである。しかし、団体旅行であれば、こうした心配の多くは不要だろう。この面でも、団体旅行には合理性がある。

だから、団体旅行と個人旅行のどちらがよいかは、一概にはいえない。人によって、また旅の目的によって、事情は大きく異なる。例えば、最初の海外旅行がパック旅行になるのは、止《や》むをえないことだろう。

ただ、確実にいえるのは、「団体旅行と個人旅行は全く別のもの」ということだ。

イギリス、コッツウオルズ地方にある小さな村カッスル・クーム。
こうしたところで2、3日のんびり過ごせば、人生観が変わるだろう。

ブランド品なら、東京にも支店がある。しかし、こういう骨董屋は、日本にはない。

そして、団体旅行しかしていない人は、海外旅行のある一側面しか経験していないということだ。これまで、「7日間でヨーロッパ5カ国の買い物めぐり」といった類《たぐい》のパックツアしか経験していない人は、そろそろそれを卒業し、個人旅行に挑戦してみたらどうだろう。

極東の島国に住む日本人にとって、外国は非常に遠い場所であった。ヨーロッパやアメリカは、とくにそうである。島崎藤村の『エトランゼエ』を読むと、故国との隔絶感が伝わってくる。ゲーテのイタリア旅行とは、質が異なるのである。芹沢光治《せりざわこうじ》良《ろう》の『巴里《パリ》に死す』や武者小路《むしゃのこうじ》実篤《さねあつ》の『友情』の時代になっても、ヨーロッパは一度出かけたら簡単に戻れないところだった。高校生の時に阿部次郎の「ルツェルンの春」という随筆を読んで、異国の地名に胸をときめかしつつも、自分が訪れることができようとは、思えなかった。

日本人にとっての外国旅行は、過去四半世紀の間に、随分身近なものになった。日本人の所得が向上したことと、航空運賃が相対的に低下したことによる。30年前、アメリカ留学のために太平洋を飛行機で越えたとき、エコノミー運賃は684ドルだった。これは約25万円だ。私の月給は3万5千円程度だったので、給与半年分になる。格安航空券などはなく、海外旅行はきわめて高価なものだった。

私はロサンゼルス西郊のウエストウッドという町に住んでいたのだが、日本人観光客がこの町に現われることなど、考えられなかった。いま日本で刊行されているガイドブックをみると、ウエストウッドは観光地の一つにリストアップされており、レストランや店が詳細に紹介されている。これをみると、何とも奇妙な感覚にとらわれるのだが、私がここで述べたいのは、日本人にとって外国が身近になったという事実である。それにもかかわらず団体旅行から脱却できないのは、やはりおかしいのではあるまいか？「海外旅行は団体旅行しかありえない」という思い込みから、脱却すべき時期ではないだろうか？

先日調べてみたら、私は、この30年間に約70回の海外旅行をしていた。その大部分は、学会や研究会への出張であり、会議が終わって帰国途中の寄り道である。だから、ほとんどが一人旅だ。その経験の中から、私は、海外個人旅行のノウハウをかなり蓄積した。

実は、以上で述べた「個人旅行の問題点」も、かなりの程度はノウハウで解決がつくのである。現地語ができなくても、快適な旅行をすることはできる。一人で食事して〈さま〉になるレストランを探す方法もある。費用の点でも、ただ安ければよいというものではあるまい。快適さとの関連で費用を評価すれば、団体旅行が必ずしも割安とはいえない。安くて快適なホテルを探すのも、ノウハウだ。本書では、私が蓄積した〈個人旅行のノウハウ〉を公開してゆくことにしたい。

なぜ旅行するのか

目的地や旅程を自由に選べるのが個人旅行の魅力だと述べた。しかし、個人旅行の意義は、それだけではない。そこには、「なぜ旅をするのか」という根本問題にかかわる要素が含まれていると思う。

異国を一人で旅することの本質は、〈孤独になること〉だ。周りには、知り合いも顔見知りもいない。言葉も自由には通じない。一日中、一言もしゃべらないことさえある。日本のニュースも入ってこない。周りの人々の生活に、私の存在は何の意味ももたない。私は、文字通りのエトランジェなのである。

このような環境に1週間もいると、それまでの自分の日常生活を、客観的に見られるようになる。毎日あくせくと動き回っていた日本での生活は、本当に自分がなすべきものだったのだろうか？　私は、このままの生活を続けてもよいのか？　私のこれまでの生活は、最も基本的なところで間違っていたのではあるまいか？

日本で次々と仕事に追われている限り、こうしたことを考える時間は見出《みいだ》せない。日常生活から完全に切り離されたからこそ、そして完全に孤独であるからこそ、〈人生の根本問題〉を考えることができるのだ。私は、これこそが海外旅行の重要な意義だと思っている。

アメリカの作家マイクル・クライトン氏と対談したとき、彼も同じことをいった。1年に1回は、必ず外国旅行に出かけるのだそうである。家族も連れずに全く一人で。その目的は、自分自身の日常を見直すことであると、彼はいった。

海外旅行から久し振りに家に戻ってくると、旅行の苦労をもう続ける必要がないことを知って、ほっとする。そして、改めて周りを見渡してみると、普段見慣れていたさまざまなものが、新鮮に見えることがある。

そのとき、いつも住んでいた町や家を「正しい場所」であると考えることができるだろうか？　そう考えられるのは、一部の恵まれた人だけの特殊事情であろうか？程度に差はあれ、誰でも基本的にはそのような考えをもつのではあるまいか？

私が住んでいる町は、アメリカの郊外のように空間と緑に恵まれているわけではない。清潔なドイツの町とは違って、道路には屋外広告や見苦しい看板があふれている。カリフォルニアのかぐわしい空気やイギリスの涼しい夏は、望むべくもない。ミラノのレストランやパリの美術館、そしてロンドンの劇場が近くにあるわけでもない。しかし、それにもかかわらず、私が住む場所は、地球上でここしかないと感じる。

宇宙飛行士は、宇宙空間から地球を見て、そこがかけがえのない大切な場所であることを強く感じるという。『オズの魔法使い』のドロシーは、「虹《にじ》のかなたにある」と思ったオズの国にやってきて、「家ほどすばらしい場所はない」と悟る。もし、海外旅行から帰ってきた場所に違和感を感じるようであれば、あなたは、これまでの生活を基本的に見直すべきなのではあるまいか？　日常生活を客観的に見直せる目を用意してくれるという意味で、海外旅行はリトマス試験紙の役割を果たしうるのである。

〈孤独〉は、もう一つの重要な副産物をもたらす。それは、ゆきずりの人との会話である。一日中事務的で短い会話ばかりの日が続くと、無性に誰かと話したくなる。そのような時に楽しい会話の機会に恵まれると、非常に嬉《うれ》しい。実は、私の海外旅行のもっとも印象深い思い出は、美しい風景でもなく、史跡でもなく、このような状況下の会話なのである。

パリのレストランで、隣の席にいたアメリカ人と話し込んだことがある。レストランのサービスが悪いことに、同じように憤慨したのがきっかけだった。相手も「パリのアメリカ人」で、異文化にストレスを感じていたのだ。フランス人の悪口から始まって、話は比較文化論から社会主義体制論にまで及んだ。いかにも聡明《そうめい》そうな女性で、美しくておとなしい小学生くらいの娘を連れていた。もう20年近く前のことになるが、その時の会話が楽しかったことは、いつまでも忘れない。

フィレンツェのウフィツィ美術館への入場を待つ行列で、すぐ前に並んでいたノルウェー人の女性と話し込んだこともある。彼女はボランティア活動に生きがいを見出していて、イギリスで行なっている活動を熱っぽく話してくれた。私は経済学の立場から、ボランティア活動に批判的な意見を述べて、真剣な議論になった。切符売り場まで1時間以上かかったのだが、少しも長いとは感じなかった。

日本にいる時、私は見ず知らずの人と話すことは、まずない。外国にいても、団体の一員なら、グループ外の人と話そうとは思わないだろう（相手も、団体の一員である私に話し掛けてこないだろう）。異国での孤独な旅だからこそ、コミュニケーションを切望し、そしてそれが可能になるのである。

楽しい思い出は、長い会話だけではない。人間の記憶は不思議なもので、重要なことをよく覚えているとは限らない。瞬間的な出来事やどうでもよいことが、記憶に長く残ることも多い。たまたま側《そば》にいた旅行者と些細《ささい》なことで共感しあったり笑顔を交わしたりしたほんの一瞬の心の交流が、懐《なつ》かしいと思えることもある。

これらは、大切な思い出として、私の心に残っている。名前も聞かずに、"Bon voyage!"とだけいって別れてしまった相手だが、もしかすると、相手の心にも私の思い出が残っているのかもしれない。その人が地球のどこかでいまでも元気で生きていると考えられるのは、素晴らしいことではないだろうか。

いわくつき風景①

ジュリエットの胸

シェイクスピアの『ロミオとジュリエット』の舞台は、イタリア北部の都市ヴェローナだ。町の中心部に「ジュリエットの家」がある。名門キャプレット家だから広壮な邸宅だと思っていたが、思いのほか狭かった。

中庭にジュリエットのブロンズ像がある。その胸に触ると、恋が成就するそうだ。右胸がつるつるになって光っているのは、そのためである。しかし、ジュリエットの恋は悲恋に終わったわけだから、これは奇妙なおまじないだ。

第2章　旅をするのは準備するため

旅の計画ほど楽しいものはない

私のスーツケースを見たある友人が、言った。「みっともない。カウアイ島の大きなステッカーが目立つ。大学教授が観光地を遊び歩くのは、いかがなものか」。

しかし、これは誤解である。カウアイ島にいったのは、研究プロジェクトの会議のためだ。その証拠に、こうした会議の成果として生まれた出版物が山ほどある。

忙しい出張も多い。「外国に2泊して帰国」という旅程が、しばしばある。同じエアラインだと、復路も往路と同じ客室乗務員になる。ただし、会議が金曜に終わるときなど、帰国途中に観光地に立ち寄ることが、「皆無とはいえない」。これは、学者の隠語で、"better part of the conference"（会議のよりよい部分）といわれているものである。

そうした制約された日程でも、事前の計画は楽しい。もっと自由にプランが立てられたら、もっと楽しいだろう。ガイドブックや地図を見ていると、どんどん夢が膨らんでゆく。

実は、計画と準備の段階こそ、海外旅行の最高の部分である。海外旅行は、このためにするのだといっても過言ではない。私の考えでは、「旅行するために準備する」のでなく、「準備するために旅行する」のである（海外旅行のもう一つの楽しみは、42ページで述べるように、帰ってからあとの回想である）。

パック旅行では、この楽しみはかなり減殺《げんさい》されている。旅行の基本的骨組みは、すでに決まっているからだ。計画も準備も完全に自由にできるのが、個人旅行の大きな魅力だ。

目的をはっきりさせる

海外旅行の計画にあたってまず重要なのは、目的をはっきりさせることだ。国内旅行とは違って、「気のむくままにぶらっとでかける」のは、難しい。

ブランド品を買いたいのか、アンティークの買い物をしたいのか。食事を楽しみたいのか、ミュージカルを見たいのか。景色を見たいのか、庭園を見たいのか。このどれであるかによって、目的地が異なる。地方の小さな町では、美術館やアンティークは無理だろう。レストランも満足できまい。逆に大都市では、静かなホテルでゆっくりくつろぐのは難しい。あれもこれもと欲張ると、どれも中途半端《はんぱ》となり、あぶはち取らずに終わる。

目的地の選定がとくに重要なのは、新婚旅行である。私のアドバイスは、「決してヨーロッパに行くな」ということだ。パック旅行で宿泊地が毎日変わる旅行などは、最悪だ。最大の問題は、疲れることである。日本からの飛行時間も長いし、時差もある。昼間は必ず観光で動き回るだろうから、疲れる。ワインでも飲んだら、部屋に帰りついたとたんに人事不省に陥るだろう。

それに、ヨーロッパの大都市のホテルは、部屋が狭くて薄暗い。その上サービスも悪い。これでは、よい思い出が残るはずがない。また、多くの日本人女性は、結婚前にヨーロッパ旅行を経験している。新郎が初めての土地でうろうろすれば、新婦の信頼感は瓦解《がかい》する。成田離婚も当然だ。新婚旅行の最大の目的は、二人だけの時間を共有することだ。空気のきれいなリゾート地でゆっくりするのが、一番よい。

新婚旅行に限らず、海外旅行を快適なものとするコツは、あまり移動しないことだ。ホテルが毎日変わると、疲れる。荷物のパッキングを1日せずに済むだけでも、かなり楽になる。1個所に暫《しばら》く滞在できれば、とても豊かな気分になれる。

日程の組み方

日程を自由に組めるなら、つぎの点に注意しよう。

第1に、日曜日には商店が閉まっている（観光地は例外）。地方都市では、レストランも日曜は休みだ。折角訪れたのに、商店もレストランも休みで、廃墟《はいきょ》のような町を歩くことになりかねない。

夏のバカンス期のヨーロッパでは、大都市でも商店やレストランが休んでいる。お目当てのレストランが夏休みでは、地団太を踏むだろう。夏休み期間に音楽の町ウイーンを訪れても、ウイーンフィルの演奏会はない（ザルツブルクでは夏は音楽祭だが、予約なしにいっても、指をくわえるだけで、フラストレーションが高まるだろう）。

美術館などの休館日も要注意だ。『最後の審判』を見るため、遠回りしてローマに立ち寄ったことがある。バチカン美術館の近くまで来ると、朝だというのに向こうから観光客が歩いて来る。悪い予感がしたのだが、果たせるかな、美術館の門は閉まっていた。事前調査の不十分さをいかに後悔しても、手後れだ。最近ではインターネットで休館日を調べることができるので、是非調べておくことをお勧めする。

地方都市の場合、見本市や音楽祭などがあると、ホテルは満員になる。予約なしでいったら、立ち往生する（フランクフルトで用事があるのに泊れず、100キロ以上離れたヴュルツブルクに泊って、通ったことがある）。日本ではよく知られていない休日もある。知っていても、つい忘れている。例えば、アメリカの観光地のホテルは、独立記念日の7月4日には満員になる。

移動の時間帯にも注意しよう。朝早い便で到着すると、ホテルに着いても、チェックインできない。時差で死にそうに眠いにもかかわらず、何時間も待たなければならないのは、地獄の責め苦だ。逆に、深夜に着くと、予約しておいたにもかかわらず、屋根裏部屋しか空いていなかったりする。

ホテルのチェックアウトも、朝の混雑時には、意外なほど時間がかかる。やっと終わってタクシーで空港に向かうと、今度は通勤ラッシュに巻き込まれる。早朝の便にしておけば、起床は辛《つら》いけれども、こうした危険は避けられる。

飛行機の乗り継ぎには、十分な時間を確保する必要がある。1時間あればよいとされているが、もう少し余裕があるほうが安全だ。とくにアメリカの場合、最初の便の出発が遅れることが大いにありうる。乗り継ぎ便に乗り遅れると、その後の旅程が狂ってしまって、難儀する。ぎりぎり間にあって本人は乗り込めても、荷物が届かない

スコットランドの山奥のホテル。部屋の外が広いテラスになっている。
家族で逗留した。たまたま娘の誕生日だったので頼んだら、
ケーキを作ってくれた。

華の都パリ。人間が沢山いる。新婚旅行には最悪の場所。

こともある。

暴風にも注意しよう。日本で台風シーズンに交通機関が乱れるが、これと同じことが外国でも起きる。夏から秋にかけて、アメリカの東海岸はハリケーンに襲われる。ニューヨークやニューイングランドまで大きな影響を受けることがある。旅程がズタズタになることは必定だ。

ガイドブック

旅行の準備にあたって、よいガイドブックを選ぶことは大変重要だ。暫く前から、日本でも多数の海外旅行ガイドブックが出版されるようになった。しかし、それらの多くは、残念ながら、満足のゆく内容ではない。理由は、情報が信頼できないことだ。とくに問題なのは、紹介されているホテルやレストランの質が評価できないことだ。

ヨーロッパであれば、私は躊躇《ちゅうちょ》することなく『ミシュラン』を推薦する。ホテルとレストランのガイドである「赤本」と、観光ガイドである「青本」とがある。青本の一部は、日本語訳が出版されている。

赤本におけるレストランとホテルの格付けは、よく知られている。非常に正確なレイティングだ。これで選んで裏切られたことは、一度もない。青本では、訪問地や建物をレイティングしている。これも正確だ（ただし、ドライブ用のガイドなので、日本人には少し不便かもしれない）。

昔、アメリカに『1日5ドルの旅』というガイドブックがあった。これは、学生の貧乏旅行用のガイドであり、徹底した費用節約のノウハウが面白かった。このスタイルを真似《まね》た日本のガイドブックがあるが、内容が実にいい加減だ。旅行体験者の投書をそのまま掲載している。ここに記されている目的地を探し回ったが存在しなかったという苦い経験が、一度ならずある。

日本のガイドブックは、ショッピング情報がやたらと多く、歴史、民族構成、言語などの基本的事項を十分に説明していない。しかし、外国を旅行するには、このような基本的知識は不可欠だ。

こうした情報をうるには、百科事典のほうがずっと便利だ。必要なページのコピーをとって旅行に持ってゆくとよい。また、国全体の地図があると、目的地の相対的位置が分かって、意外に重宝する。意外なことに社会科の地図帳で十分役に立つので、必要な部分をコピーして携行しよう（市街地図などは、現地で詳細なものを購入するのがよい）。

インターネットは、海外旅行の準備で、非常に有用に使える。現在すでに膨大な量の旅行関連サイトがある。ただし、問題は、必要な情報がどのサイトで得られるかだ。適切なサイトを探しあてるまでに、一苦労する。本書では、随所で有用なサイトを紹介している。そして、私のホームページである「野口悠紀雄 Online」(http://www.noguchi.co.jp/) の〈「超」旅行法〉のコーナーで、それらをまとめて示してある。是非、利用していただきたい。

携帯品リスト

携帯品も、国内旅行の時より慎重に準備する必要がある。忘れたものを旅先で買おうと思っても、海外では売っていないものがあるからだ。

例えば、日本人がよく使う「みみかき」は、海外では売っていない。部屋で履く「スリッパ」も、海外にはない。日本のホテルには寝間着が備えてあるが、海外のホテルにはこうしたものはない。また、洗面具・化粧品などの備え付けもない場合がある(これらとは逆に、写真フィルムや乾電池は世界中共通だから、必ずしも日本で購入する必要はない)。

携帯品リスト

重要品

□パスポート
□航空券

□外貨
□邦貨
□クレジットカード
□現地通貨（チップと到着直後の電話用にコインも必要）
□財布（通貨の種類の数だけ必要）

□免許証（国際免許証と国内免許証）

身の回り品

□傘
□靴べら
□靴みがきセット
□ナップザック

□チリ紙
□洗濯用品（ひも）
□洗剤
□洗濯もの袋
□裁縫セット

□時計
□目覚し時計
□時差時計

□スリッパ
□睡眠用目隠し
□携帯用吸入器
□サングラス

□ナイフセット（食事用）
□湯沸しセット
□水の消毒剤（水が飲めない地域の場合）

文房具等

□携帯用パソコン（必要な情報を内蔵HDにコピー）
□バッテリー
□モジュラーケーブル

□鉛筆
□消しゴム
□ボールペン

□紙
□ファイル
□パンチ
□ノリ
□クリップ
□袋（封筒）
□カッターナイフ

□辞書
□地図（コピーでも可）
□ガイドブック

□荷造り用品
□ヒモ
□トメヒモ
□ゴムバンド
□キーホルダ

□テープレコーダ
□テープ
□CDプレイヤ
□CD
□電池
□イヤフォーン
□小ねじまわし
□カメラ
□フィルム
□ビデオカメラ
□オペラグラス
□双眼鏡

□小型懐中電灯
□電源プラグと変圧器

□現地連絡先電話番号
□持参資料
□質問表
□討議用ペーパー

□名刺（英文も）
□書類入れ鞄（会議の時）

洗面用具、薬、衣類

内容省略

私は、詳細な携帯品リストを持っている。これはパソコンに入力してあり、準備の際に印刷している。このリストには、旅行中に気がついたものを追加してある。こうした過程を何十年も経ているので、かなり完成度の高いリストになっている。前ページにあるものをコピーして利用されたい。用意できたものを消し、要購入品に赤マークする（出発時に空港で買おうと思っていると、忘れることが多い。できるだけ、事前に用意する）。

重要なのは、衣服や洗面具の一つ一つをこと細かく書き出してあることだ。そうでないと、リストとして機能しない。ただし、個人差があるので、前ページのリストでは、その部分は省略してある。読者は各自用のものを、別途作成されたい。

具体的な品目は、巻末にある「頼りになる小物」でも紹介することとしたい。重要な一般的注意事項を以下に列挙しよう。

- 衣服を準備する際に、目的地と日本の気温差に注意。
- スーツケースの紛失に備え、1日は過ごせるような準備を機内持ち込み鞄《かばん》に入れる（飛行機の乗り継ぎに時間がないと、荷物が遅れることがある）。
- 現地で外出する際に、ナップザックなどがあると便利（フィルム、地図、購入した土産などを入れる)。

・パスポート、航空券、クレジットカードなどの貴重品は、一つのカード入れに収納し、常に携帯する。男性の場合には、それをジャケットの内ポケットに入れる。海外旅行におけるジャケットは、実は、貴重品入れなのである。

・クレジットカードが使えるようになって、現地通貨の必要性は減少した。ただし、少額の現金とコインは不可欠である。空港からタクシーに乗れば、支払いは現金になる。ホテルで部屋まで荷物を持ってきてくれたポーターにチップが必要であり、このためにコインが必要だ。空港から市内に電話をかける時にも、コインが必要になる。これらは、到着空港の両替所で調達してもよいのだが、長蛇の列になっている時もある。できれば、出発前に準備したい(ただし、日本ではコインは調達しにくい。知り合いで持っている人がいたら、分けてもらう)。

・目的地で世話になる人には、日本から土産物をもってゆく(122ページ参照)。

・機内の服装は疲れないものを。ただし、ジョギングスタイルで乗り込むのは、国辱ものだから、やめよう。ジョギングスーツは、ホテルでの部屋着として便利だ。

・衣類や小物などは、袋や小ケースにいれて、別々にする。スーツケースの中での置き場所を決めておくと、探すのに手間が掛からない。

・スーツケースと鞄、その他の重要な持ち物には、必ず住所、氏名、連絡先を英字で書く。なお、空港内ではかなりの距離を歩くので、キャリングカートがあると便利だ。

ところで、海外旅行の準備で一番重要なのは、「病気にならないこと」だ。パリ出張中に風邪をひき、部屋に寝たままで会議に出席できず、不面目だったことがある。移動が多い旅行では、風邪で熱が出たりすると、大変だ。1週間前位から、健康管理にはとくに気をつける必要がある。

これは、旧東西ベルリン境界の地雷原である。警備兵の姿が見えるだろうか。もちろん撮影禁止地区で、走行中の高架電車（S-Bahn）内からの決死撮影である。東ドイツが消滅したいまだからこそ、公開できる写真だ。

境界を越えてすぐのフリードリッヒ・シュトラーセ駅で入国審査をうける。1時間近く行列してやっと窓口に達したところ、「身長がパスポート記載より2センチ低い」といわれた。そのパスポートは何年間も使っていたが、こんなに厳格な指摘は初めてだ。カメラを没収されてさっきの写真を現像されたら、確実に逮捕される！　つたないドイツ語でしどろもどろの言い訳の末、やっと釈放されたときには、体中汗でびっしょりになっていた。

壁が消滅してからのフリードリッヒ・シュトラーセ駅は、観光客を目当てにベンツのタクシーが群がる場所に変身していた。

いわくつき風景②　ベルリンの地雷原

第3章　旅の印象はホテルで決まる

ホテル情報誌における偽物《にせもの》と本物

私のある友人の卓見によれば、「旅は思い出を作るための投資である」。第2章で述べたように旅の準備は楽しいが、旅行の過程そのものは、楽しいとは限らない。むしろ、不便なこと、危険なことが多い。身体《からだ》も疲れる。しかし、それを我慢した後で旅を思い出せば、いつまでも楽しい。

旅の印象は、泊ったホテルによって大きく左右される。私は、若いときには、一定の条件が満たされるなら安いほうがよいと思っていた。しかし、何時《いつ》の頃からか、考えを変えた。いかに費用を節約できても、惨《みじ》めな思い出が残るようなら、最初から旅行などしないほうがよい、と考えるようになった。「旅行は思い出のための投資」という立場からすれば、これは当然の結論だ。

もちろん、宿泊料金が高ければよいというわけではない。投下資本に見合った快適さがえられることが肝要だ。ところが、海外旅行は一期《いちご》一会《いちえ》であって、やり直しができない。だから、正確な情報を事前に収集することがきわめて大切だ。

日本でも暫《しばら》く前から、海外旅行のガイドブックが多数刊行されるようになった。そこには、ホテルの情報があふれている。しかし、それらの情報が本当に信頼できるのかどうか、疑わしい。現地調査を行なっているかどうか、しかもホテルから何の便宜供与も受けずに行なっているかどうか（これは、客観的評価のための必要条件）が、確かでないからである。それに、大都市や主要リゾート地しかカバーしていないことが多い。だから、頼りきることができない。情報洪水の中で、本当に役立つ情報がないのである。

ヨーロッパの場合なら、第2章で述べたように、『ミシュラン』（赤本）に完全に頼ることをお勧めする。理由は、ただ一つ。情報が正確だからである。これこそ、本物の「情報誌」である。それにもかかわらず、日本で入手しにくいのは、不思議なことだ。都心の大きな書店でないと、手に入らない（これは、「外国語で書かれているから」というわけではない。ほとんどの情報は絵文字で分かるようになっている）。

宿泊地を選べる場合には、冒頭にある広域地図で、目的地の周辺を調べる。私は、赤いゆり椅子《いす》のマークをピックアップすることにしている。このマークは「静寂」という意味であり、館マークの数で示されている「格＝高級度」（宿泊料金の高さ）とは別の評価である。

つぎに、ホテルの詳細を調べる。まず、部屋の総数だ。数百も部屋があるのは、大きなホテルで、団体客が大勢いる可能性がある。部屋数が20程度なら、落ち着いたホテルだろうと推測できる。周囲の状況も表示されている。館マークが赤色なのは、「快適」という意味だ。わずか数行のスペースでこれだけの情報を提供しているのは、驚くべきことだ。これによって、ホテルの状況は大体見当がつく。

アメリカはどうか。ガイドブックがないわけではない。例えば、モービル石油の『モービル・トラベルガイド』は、かなり詳細な評価をしている。しかし、ミシュランほど適確には分からない。また、日本で入手するのは難しいだろう。

レンタカーで旅行する場合には、一度泊って気にいったら、そのチェーンのモーテルを泊り歩くという方法がある。ガイドブック（普通は部屋に置いてある）を見て場所を選び、電話で予約する。あるいは、チェックアウトのときにフロントで予約してもらう。

たまには都心を離れたホテルに

宿泊地が決まっている場合も、ホテルの正確なロケーションに注意する必要がある。とくに重要なのは、市街地の内か外かだ。レンタカーで旅行する場合は、市街地を避けるほうがよい。ホテルを探して慣れない町を走りまわるのは大変だし、駐車も不便だ。郊外に泊るほうが、遥《はる》かに便利である。

車でない場合には、中心街のホテルに泊るのが楽だろう。徒歩で盛り場やレストランに行けるからだ。ショッピングが目的の場合には、中心街での宿泊は、必要条件だろう（買ったものをこまめに部屋に持ち込めるため）。しかし、旅行エイジェントに予約を任せると、中心街から離れた場所のホテルになることがままある。現地に到着するまで、そのことに気付かない。中心街との間をタクシーで往復しなければならず、非常に不便だ。

駅前は、列車で移動する場合には便利だ。しかし、快適とはいえない場所であることが多い。駅前に限らず、都市部のホテルは、一般に快適とはいえない。ニューヨークやパリなどの大都会に快適なホテルは存在しないといっても、過言ではない。部屋が古くて薄暗い、応対がつっけんどん、食事がまずい、料金が高い。これら「4悪」が一つもないホテルがあったら奇跡なので、是非教えて頂きたい。普通は、これらがすべて揃《そろ》っていると覚悟していたほうがよい。

そこで、海外旅行にある程度慣れた人なら、都心で用事があっても、そこから少し離れた場所に泊るのがよい。サンフランシスコなら、対岸のサウサリートという保養地に、カーサ・マドローナという魅力的なホテルがある。崖《がけ》にへばりつくように建っていて、すべての部屋からサンフランシスコの素晴らしい展望が堪能《たんのう》できる。レンタカーを借りていれば、サンフランシスコまで簡単に行ける。なくても、タクシーで移動できる。ロンドンなら、ヒースロー空港から20キロほど西のマーローという町に、ザ・コンプリート・アングラーという由緒《ゆいしょ》正しいホテルがある。テームズ川に面した魅力的なホテルだ。

都会から離れた場所に泊れるなら、是非、ミシュランの赤いゆり椅子印のホテルを選んでみよう。イングランドの田園地帯やスコットランドの山奥、ドイツの地方都市や温泉地のホテルなど、必ず思い出に残る経験となるだろう。

ところで、このようなホテルの予約は、自分でするしかない。エイジェントに頼むと、団体客用の大きなホテルしかコンタクトしてくれないからである。一昔前まで、こうした予約は電話でするしかなく、かなり面倒だった。しかも、日付などの重要事項が正確に伝わったかどうか、不安だった。

いまはファクスが使えるので、非常に便利になった。49ページに示す例文を参考にして送るとよい。ドイツのホテルなど、送ってから1時間もせずに返事が来たところもある。直前の場合は満室の危険もあるので、1個所で三つ位の候補に送る。最終的

ミシュランで赤いゆり椅子印がついていたエリスカ島のホテル。スコットランド・ハイランズの西海岸にある。直径2キロ位の島に、このホテルと牧場しかない。島を散歩して山と海を眺め、午後はラウンジでのんびりとお茶を飲む。暫く滞在すると、他の滞在客やホテルを経営している家族と親しくなる。もっとも、普通の日本人だと、そうなる前に退屈して、出歩きたくなるだろうが……。

ウイーンで泊まったホテルの部屋。部屋の変更は、ベッドがこの状態のうちに頼む必要がある。ベッドカバーをとってしまってからでは、手遅れだ。どんなに疲れていても、部屋に入ったら、まずこのことを思いだそう。

に予約するとき、地図を送ってもらうと便利だ。受信ファクスは、予約確認票にもなる。

部屋の変更の頼みかた

ホテルに到着したときすぐに判断する必要があるのは、部屋の状況だ。アメリカ式現代ホテルでは、各室がほぼ同じ条件だが、古い建物を改造したヨーロッパ式ホテルの場合には、同一ホテル内の各部屋の条件が大きく異なる。屋根裏部屋や半地下の部屋があるし、エレベーターのすぐ側《そば》でうるさいこともある。

日本人は言葉の問題があるためか、部屋の変更を要求する人はあまりいない。このためなのか、あるいは私が一人旅で一見《いちげん》の客であるためか、そのホテルで最悪の部屋を割り当てられたと感じることが多い。数年前の夏のパリでのこと。フロントで「部屋は快適か」と確かめたら「最近改修したばかりなので、全室が快適」との答えだったにもかかわらず、案内されたのは、屋根裏で頭が天井につかえるような部屋だった。しかも、エアコンがきかない。たまたま異常な暑さの時期で、1分間も我慢できないほどであった。早速交換してもらったら、全く同じ料金で快適な部屋になった。

本当は、チェックインの書類にサインする前に、部屋を下見するべきだろう。しか

ファクスを使った問い合わせ・予約

ホテルの空室状況を問い合わせるファクス

Dear Reservation Manager:

I would appreciate it if you could inform me of the availability of a room at your hotel with the following conditions, together with the room rate.

Date of arrival: August 20 (Thursday)
Date of departure: August 22 (Saturday), two nights
Number of people: one
Type of room: single room. If possible, with a king-sized bed.

Please fax your reply to 81-3-3123-4567. I will send you a request for the reservation with my credit card number after receiving your reply.

Cordially,
Yukio Noguchi

ホテルの予約を求めるファクス

Dear Reservation Manager:

Thank you for your fax of July 15 in response to my inquiry of July 14.

I am glad to hear that a room is available. Please reserve the room as follows.

Date of arrival: August 20 (Thursday)
Date of departure: August 22 (Saturday), two nights
Number of people: one
Type of room: single room with a king-sized bed.
Credit Card: Visa, 1234-5678-9012-3456. Expiration Date: May 2002.

I would appreciate it if you could fax me a confirmation together with a map showing the precise location of your hotel.

I look forward to staying at your hotel.

Cordially,
Yukio Noguchi

し、なかなか面倒である。だから、部屋に案内されたらすぐに判断する必要がある。トイレを使い、ベッドカバーをとってからでは、手後れだ。ただし、案内してくれた人（通常はポーター）は変える権限を持っていないので、フロントのしかるべき人物と交渉する必要がある。部屋から電話してもよいのだが、言葉が不自由な場合には、押し切られてしまう可能性が強い。だから、直接フロントに出かけるのがよい。

そして「なぜ変えてほしいか」を説得的に説明する必要がある。単に「気にいらない」では駄目だ。例えば、「あの部屋のエアコンは壊れているので、今日のように暑い日には眠れない。明日は重要な会議があるので、最も信頼がおけると思われるこのホテルを選んだのだ。どうかその信頼を裏切らないでほしい」というように。なお、満室になってからでは変更は不可能だから、あまり遅くない時刻にチェックインするのがよい。

海辺のリゾートホテルの場合、部屋が海側か否《いな》かという問題がある。長期滞在の場合には山側のほうが落ち着くという意見もあるが、日本人の感覚としては、開放的な眺めの部屋がほしいところだろう。折角ハワイに出かけたのに、窓の外が高層ビルの壁や騒音うずまく道路だったというのでは、不満が残るだろう。

ただし、到着してから海側を希望しても、変更は難しい。海側か山側かで料金も予約可能性も大きく異なるからだ。テレビの英会話番組で、「熟年夫婦がハワイのホテルに到着したら、部屋が山側だった。そこで、部屋から電話して、海側に変えてもらった」というシチュエーションがあった。その番組では、親切そうなマネジャーがすぐに部屋に飛んで来て希望を叶《かな》えてくれた。しかし、現実世界でこうしたことが起こりうるとは、ゆめゆめ思わないほうがよい。

海側の部屋が希望なら、予約の段階で確保しておこう。ただし、正確な状況を事前に把握するのも難しい。「オーシャンサイド」は、海側というだけであり、海の眺めがあるかどうかは分からない。「オーシャンビュー」といっても、建物の隙間《すきま》からかろうじて海が見えるだけのこともある。「オーシャンフロント」や「ビーチフロント」なら、まず大丈夫だと思うが……。

象を頼む客もいる

ホテルでは、さまざまなサービスが利用できる。まず、物を借りることができる。傘、爪《つめ》切《き》り、ルーペから、パーティウエアや車椅子に至るまで可能だという。これらを利用して荷物はできるだけ少なくするのがよいという意見もある。確かに合理的な方法だが、全面的には賛成できない。実際に借りられるかどうかが不確実だからだ。

部屋の電話線がモジュラージャックだと、パソコン端末をつなげて電子メールが利用できる。先進国の場合にはローカルなアクセスポイントがあるから、日本にいるのとほとんど変わらない通信ができる。電子メールをホテルのファクスに送れば、簡易プリンターとして使うこともできる。ロビーやビジネスコーナーにパソコンが置いてあり、インターネットに接続できるようになっているところもある。現地の天気予報などを見るには、テレビより便利だ。ただし、通信環境の詳細は、事前にチェックしにくい。

ホテルのコンシェルジュは、さまざまなサービスを提供してくれる。レストランの予約や、列車や劇場の切符の手配などだ。最近は、日本人旅行客もかなり利用しているのを見かける。英語で用が足りるので、言葉が不自由な国では、ことに便利だ。

レストランについてのアドバイスを求めることもできる（ただし、信頼できるかどうかは、分からない）。列車の切符は、その国特有のルールが多いので、彼らに手配を頼むと安心である。それに、いちいち駅まで出かけないで済むので、楽だ。フライトのリコンファメーションを頼むこともできる。最近では、これは必要条件ではなくなったが、出発時刻の変更がありうるし、大きな空港だとターミナルを確かめる必要もあるので、連絡しておくのが安全だ。部屋から自分で電話してもよいのだが、エアラインのオフィスは、話し中でつながらないことが多い。

ミラノのホテルからベネツィアのホテルの予約を頼んだところ、大運河に面した素晴らしい部屋を獲得できたことがある。コンシェルジュ仲間の情報ネットワークがあるとは聞いていたが、この場合もそれが活用されたのだろう。ある程度以上のランクのホテルに泊るのがよいのは、こうしたサービスを享受《きょうじゅ》できるからだ。

このようなサービスにおいて世界で最も優れているのは、多分、ロンドンのクラリッジズだろう。『ザ・ホテル』（J・ロビンソン著／春日倫子訳／三田出版会）という本を読むと、「フランス南部のリビエラ海岸の町まで飛んで、腕時計を取ってきてほしい」、「部屋に来て、妻のために〈ハッピーバースデイ〉を歌ってほしい」、さらには、「ラクダを連れてきたら預ってくれるか」、「象を手配してほしい。それもアフリカ象でなくインド象」などという宿泊客のわがままなリクエストに、少しもひるまないホテルスタッフの話が出ている。

私もこのホテルに、数回泊ったことがある。象を頼んだことはないが、日本への書類の郵送を頼んだことはある。さすがに、完璧《かんぺき》にやってくれた。

冷戦時代、ブランデンブルク門は東西ベルリンの境界であった。写真は、これを東側から見たところである。門のすぐ向こうに壁がある。

ここは、ベルリンの中心であり、有名なメインストリート「ウンター・デン・リンデン」の始まる地点である。戦前の写真を見ると、賑やかな人通りがある。それが、冷戦時代には、この写真にみるように、全く人気のない場所となってしまった。

西ベルリンから「壁」を見ると、「あの向こうが社会主義圏」という他人ごと的な感想しかもたない。しかし、東側から見ると、「自由な世界は壁の彼方」という事実が、ひしひしと感じられた。「私はそこに戻れるだろうか」という心配すら胸をよぎった。

壁がなくなったあとブランデンブルク門の下を歩いて、この写真が歴史的記念物となったことを実感した。

いわくつき風景③

東から見たブランデンブルク門

第4章　乗るために移動する

「乗る」のが目的になることも多い

乗り物が人間の快感本能に深い関係をもっていることは、幼児向け絵本の多くが乗り物に関するものであることを見れば、明らかである。遊園地の「こども電車」は、目的地に移動するための手段ではなく、「乗ること」それ自体を目的にしている。これが真実であるのは、幼児に限らない。例えば、東京臨海副都心の「ゆりかもめ」も、少なからぬ乗客が、「移動するために乗る」のでなく、「乗るために移動」している。

外国の乗り物であれば、「乗るために移動する」性格は、より強くなる。その代表選手として、列車とレンタカーについて述べよう。これらに乗ることは、海外旅行の大きな楽しみの一つだ。

もちろん、これらは「移動範囲の拡大」という手段的な意義ももっている。日本人の外国旅行は、空港からタクシーで都市に向かい、そこに泊って空港に戻るというパタンが圧倒的に多い。これでも確かに外国を見たことにはなる。しかし、点しか見ていないのである。しかも、国際空港がある都市は、その国でも特殊な場所だ。第1章で述べたように、こうした都市ばかり見て歩くと、その国のイメージにバイアスがかかる。

列車とレンタカーは、旅行者の行動範囲を「点から線へ、さらに面へ」と拡大する手段である。これらをうまく利用できれば、個人外国旅行は飛躍的に充実するだろう。

列車　都市間移動を点から線へ

列車は、誰もが利用できる都市間交通手段だ。ただし、これが利用できるのは、主としてヨーロッパに限られる。その他の地域にも列車はあるが、安全性や快適性の点で問題があるし、移動できる範囲も限られている。だから、個人旅行で列車に乗るには、ヨーロッパが一番よい。「交通手段が目的地を決定する」というのは、本末転倒と思われるかもしれない。しかし、「乗るために移動する」という基本哲学からすれば、しごく合理的なことだ。

ヨーロッパの主要都市は、「インターシティ」という特急列車で結ばれている。ローカル線の密度も高い。列車の利用によって、個人旅行者の行動範囲は、点から線へと拡大する。列車の旅は、安全で疲れないし、目的地に予定通りに到着できる。途中の景色を楽しむこともできる。ぜひ挑戦してみよう。「外国を旅行した」という気分を満喫できるだろう。

鉄道網が最も発達しているのは、イギリスだ。誰でも簡単にできる列車旅行として、ロンドンからオックスフォードへの日帰り（または1泊）旅行をお勧めしたい。ロンドン・パディントン駅を出発した列車が市街地を離れ、窓の外にイングランドの田園風景が広がってくるのを眺めていると、英国紳士になった気分になれるだろう。私は、モーツァルトのピアノ協奏曲ハ長調（K467）の第2楽章アンダンテを聞くと、快適に走る列車の窓から、どこまでも続くなだらかな丘陵地帯を見ているような気持ちになる。

ローカル線を使えば、殆《ほとん》どの場所を訪れることができる。例えば、オックスフォードに出かけたついでに、シェイクスピアゆかりの地ストラトフォード・アポン・エイボンに立ち寄り、シェイクスピア劇を楽しんでくるとよい。

イタリアの鉄道網もよく発達している。10年位前まで運行時刻が全くでたらめだったが、近頃は、ぴったり時刻表通りだ。中世の姿を残す魅力的な歴史都市の殆どは、列車で訪れることができる。リビエラ海岸の一部には、自動車では近づけず、岩をくり貫《ぬ》いたトンネルを抜ける列車でしか行かれない場所がある（チンクエ・テーレと呼ばれる海岸沿いの美しい村落）。

時刻表の見方（イタリアの時刻表）

*NORD ITALIA NUOVO ORARIO GRIPPAUDO N° 2 INVERNO 95/96*より

インターシティ（特急列車）特急料金必要

ペンドリーノ（超特急列車）特急料金必要

ローカル列車

急行

バスでの運行

休日運行

等級

参照ページ

食堂車あり

事前に席予約が必要

平日（月曜から土曜まで）運行（つまり、日曜運休）

食品販売あり

10 **(Lecce) (Roma)-BOLOGN**

	542	502	11584	2130	11414	544	2278	6260	572	546	2132	11416	Bo/06	54
	IC	P	L	D	L ⚒	IC	D	L ⚒	IC	IC	D	L ⚒	🚌	EC
	1 2	1 2	2	1 2	2	1 2	1 2	2	1 2	1 2	1 2	2	2 ✠	1 2
Lecce..........13p.	....	....	....	....	....	....	....	....	....	....	....	....	....	....
Bari..........13p.	....	....	....	....	....	....	....	....	741	....	....	....	....	....
Pescara..........13p.	....	....	....	(2)	....	....	....	....	1037	....	....	....	....	....
Ancona..........13p.	....	....	....	942	....	....	....	....	1200	....	1130	....	....	....
Roma Term.....11p.	905	945	....	....	....	1005	....	....	....	1105	....	....	....	1205
Firenze..........11p.	1108	1133	....	....	⚒	1208	....	....	....	1308	....	....	✠	1408
BOLOGNA C.........p.	1215	1231	....	1238	1244	1315	1338	1344	1402	1415	1438	1444	1444	1515
Lavino................	✕	Ⓡ	....	(2)	1252			⚒	(1)			⚒		
Anzola d'E...........		✕	....		1256			1356	✕	✕	da Ancona	1456	1511	✕
Samoggia............	da Salerno		....		1301	✕		1401				1501	1516	
Castelfranco........			....		1306			1409				1507	1524	
MODENA............			....	1301	1316		1401	1418			1501	1517	1544	
Rubiera...............			....		1325			⚒		da Salerno		1528	✠	
REGGIO EMILIA..			....	1316	1335	da Napoli	1416	per Verona	da Bari		1516	1541	....	
Villa Cadé............			....		1344							1552	....	
S. Ilario d'E.........			....		1351						🍷	1600	....	
PARMA.............			....	1333	1406		1433	....			1533	1612	....	
Castelguelfo.........			....		1415			....				⚒	....	RAFFAELLO
FIDENZA............			....	1345	1424		1445	....		PARTENOPE	1545	....	....	
Alseno.................			....		1431							....	....	
Fiorenzuola..........			....	1354	1438		1454	**10586**	PETRUZZELLI		1554	....	**10560**	
Cadeo.................			....		1445			L				....	L ⊠	
Pontenure............			....		1452			2				**2662**	2	
PIACENZA..........			1338	1408	1500		1506	1525			1608	D	1625	
S. Stefano L.........		TINTORETTO	1344		⚒		per Genova Br.	1532				1 2	1632	
CODOGNO..........			1349		....			1537				1601	1637	
Casalpusterlengo.			1354		....			1542					1642	
Secugnago..........			1400		....			1548					1648	
LODI................			1409	1427	....		....	1558			1627	1616	1657	
Tavazzano...........	VESUVIO		1415		....	POSILLIPO	....	1604					1703	
S. Zenone...........			1419		....		....	1609					1708	
Melegnano..........			1424		....		....	1613				da Mantova	1712	
S. Giuliano..........			1429		....		....	1618					1717	
Borgo Lombardo..			1432		....		....	1621						
— **Rogoredo**.......a.			1437	1442	....		....	1626			1642	1631	1722	
— P. Romana.....a.					....		....						⊠	
— **Lambrate**.......a.			1444		....		....	1632				1637	1729	per Chiasso
— P. Garibaldi....a.		Ⓡ	....		....		....		(1)					
MILANO C...........a.	1400	1405	....	1455	....	1500	....	1640	1555	1600	1655	1645	1737	1700

(1) Sosp. 25 dic.
(2) Proviene da Ancona nei festivi.
(3) Si eff. 29 ott, 1 nov, 8, 10 e 26 dic, 7 gen, nei festivi dall'8 apr.
(5) Proviene da Napoli eccetto la domenica.
◉ Tr. 574 - Da Ancona bigl. sup. 200 km, da Rimini bigl. sup. 150 km.
★ Ferma nei festivi.
⊠ Feriale escluso il sabato.

17

ドイツの場合、ローカル線の密度はさほどでない。例えば、ロマンティック街道を列車で旅行するのは、非常に困難だ。また、旧東ドイツ地区では、戦後の社会主義時代に線路の保守が悪く、劣化した。ベルリンとドレスデンやライプツィッヒ間などは、戦前より時間がかかるそうである。

時刻表は駅に掲示してあるが、自分でもっているほうがよい。日本で売っている「トーマス・クックの時刻表」では詳細が分からないので、現地で購入する。記号の意味を、欄外の注意書きで調べておこう。とりわけ、週末運休便に注意しよう。このために、現地語の辞書が必要だ。

インターネットを用いると、最新情報がかなり分かる。Rail Travel Information (http://www.rothamsted.bbsrc.ac.uk/ppi/links/glinks/Railway/) は、世界中の列車旅行の情報へのリンクで、非常に便利だ。ロンドンからの列車時刻表は、Summary of rail services to and from London (http://www.kcl.ac.uk/kis/off_campus/rail/railindx.html) で分かる。

切符は絶対に乗車前に買う必要がある（検札が来てからでは無賃乗車とみなされ、高い料金を取られる）。駅の切符売場で直接に買ってもよいのだが、特急割増しや往復割引きなど複雑なルールがあるので、分かりにくいだろう。窓口の駅員に「シング

インターシティの列車。ヨーロッパの主要都市を新幹線並みのスピードで結んでいる。多くは国際列車で、乗っているうちに車内アナウンスの言語順が変わったりする。

ハンブルクの中央駅。ヨーロッパのターミナル駅は、高い天井の巨大空間という構造が多い。つまり、東京駅スタイルでなく、上野駅スタイルになっている。ロンドンのパディントン駅など、列車のすぐ近くまでタクシーで乗り付けられる。

ル・オア・リターン？」と聞かれても、最初は何のことか分かるまい（こう聞かれて“I am married.”と答えた日本人がいるが、シングルは「独身」という意味でなく、「片道」という意味だ）。だから、切符は、前泊したホテルのコンシェルジュに買ってもらうのがよい（できれば、全行程について）。

1等に乗ることをお勧めする。席の予約もできるが、普通はすいているので、必要あるまい。ただし、予約されている席に座らないよう注意する必要がある（座席の背に示してあるが、分かりにくい。心配なら、車掌に聞く）。なお、ミシュラン（青本）は、列車旅行には不向きだ。これはドライブ用のガイドだからである。

多くの大都市で、ターミナル駅は行き先別にわかれている。列車が出発するホームは、直前まで決まらないことが多い（電光掲示板に示される）。日本の改札口にあたる場所に小さな機械があるので、これを用いて自分で切符に刻印を押す（最初は分かりにくい）。

列車で旅行する際の最大の問題は、大きくて重い荷物をつねに携行せねばならぬことだ。これを避けるには、「ピギーバック方式」（あるいは「ベースキャンプ方式」）をとるとよい。例えば、オックスフォードに行くなら、飛行機で到着した日はロンドンに泊り、大きな荷物はホテルに預けて、身軽な装備でオックスフォードに向かう。

着いたら駅に荷物を預け、さらに身軽になって町を歩く（その町に泊らない場合）。

アメリカでは、アムトラックの「メトロライナー」が走っているワシントンD.C.とニューヨーク間を除くと、列車旅行は不便だ。映画『北北西に進路を取れ』に出てくるような豪華列車は、ずっと前から存在しない。いまアメリカにある地上公共輸送機関は、長距離バスが中心である。しかし、あまり快適な乗り物とはいえない。アメリカは、外国人旅行者が動き回るには、誠に不便な場所なのである。

レンタカー　線から面へ

レンタカーを用いれば、道路がある限り、どこにでも行ける。行動範囲は「面」になるわけだ。しかも、任意の地点に何時間でも止まっていられる。荷物を車の中に投げ込んでおいて、ホテルの部屋にはその日に必要な物だけを持ち込むという、モノグサ旅行もできる。駐車場に余裕のあるアメリカのモーテルだと、部屋のすぐ前に駐車することもできる。

アメリカでは、空港と目的地の往復だけに使っても、タクシーより安い場合が多い。週末はとくにそうだ。週末料金が安いのは、一般のビジネスマンが出張の際に用いているからである。料金を別としても、アメリカで都市間を移動しようとすれば、飛行機とレンタカーしか手段がない場合が多い。ロサンゼルスのような町は、都市内でさえレンタカーがないと移動に苦労する。

ドイツの道路にはスピードリミットがない。パトカーを意識せずにいくらでもスピードが出せるわけで、スピードマニアには天国のようなところだ。アウトバーンで時速150キロで走っていても、猛然と追い抜いて行く車がある。

修理中のアウトバーンで、片側車線を区切って対面通行にしている個所がある。中央分離帯がないところを、各々《おのおの》が100キロ以上ですれ違うのだ。そのスリルたるや！　ドイツの友人に、「事故はないのか」と聞いたところ、「正面衝突はない。ただし、恐怖心で外側に脱輪する車はある」とのことであった。

このように、レンタカー旅行は、どうしても野蛮なものになる。アメリカの場合は、西部開拓時代の幌《ほろ》馬車に乗ったつもりで、町から町を渡り歩こう。ドイツの場合は、戦闘機のコックピットに座ったつもりで、アウトバーンを疾駆しよう。テープかCDで『ワルキューレの騎行』でも流しながら走ると、ワイルドな気分が盛り上がって、最高である。

家族や数人のグループで旅行する場合は、スーツケースが多数になってセダンではドイツの道路の行き先標識は、世界で最も優れている。アウトバーンの経由地名が青地、遠隔地名が黄地、近隣地名が白地と区別されているので、一瞥しただけで分かる。日本の標識は、遠隔地と近隣地が混在しており、しかも地名の選択がシステマティックでないので、分かりにくい。

黄や白はかなり強い色彩であるが、不思議に周囲の風景と調和している。他にけばけばしい広告などがないからであろう。日本では、行き先標識が青地や緑地に白字なので目立ち難く、他方で看板や屋外広告の原色が風景を汚染している。

ドイツの標識は、上に示すような簡単な構造の物が、いたるところにある。日本のは、幹線道路をまたぐ大袈裟な構造のものだが、数は多くない。ドライバーの立場から有り難いのは、もちろん前者だ。

旧東ドイツ地区の道路標識。西のものと形式は同じなので、ドイツでは昔からこうした標識を用いていたのだろう。この写真は、社会主義国における公共施設の維持・管理状況の実態を如実に示している。

積み込めないこともあるので、ステーションワゴン（ワンボックス・カー）にする。ヨーロッパではマニュアル車が多い。慣れてない人は、出発前に坂道発進の復習をしておく。

車を借出すのは、通常は空港だ。駐車場からハイウエイに出る道筋を、きちんと確認しておく（普通、詳細な地図が用意されている）。右側通行は、さほど心配しなくてよい。ただし、左折したときと高速道路から降りたときに、左車線に入らないよう万全の注意をする。一人で運転する場合は、要所をメモした自分用の地図をあらかじめ作って、目の前に置く。高速道路での分岐には、停車して地図を見ることはできないから、絶対に必要である。

ドイツの道路標識は非常によくできているので、街道から市街地に入り、そこを通り抜けて街道に出るということが、ナビゲータなしでもできる（日本では難しい。道路標識が実にいいかげんだからだ）。ベルリンのような大都会でさえ、一人で運転できる。

イギリスのラウンドアバウト（ロータリー）は、信号なしに交差点を処理する仕組みで、ある意味では合理的だ。行く先が分かりにくければ、何度回ってもよい。右側優先であるから、入るときに譲り、出るときに譲られることになる。ただし、これにはなかなか慣れない。

欧米の多くの国で、ガソリンスタンド（ガスステーション）はセルフ方式になっている。最初は少しまごつくだろう。最近は日本でもセルフ給油が始まったので、練習しておくとよい。市街地を離れる前に、ガソリンの残量を必ずチェックしておく。

返却は、空港で行なう場合が多いだろう。フライトに間に合うよう、十分な時間的余裕を持って行動しよう。空港にアプローチするのに、都心部を経由するルートをってはならない。混雑するし、道に迷う恐れもあるからだ。欧米の大都市の多くには外郭環状高速道路があるので、それを用いてアプローチする。空港に近づけば、必ず「レンタカー・リターン」の標識がある。

できれば給油してから返却する。日本と違って、細かい傷などはあまり問題とされない。マイレッジをメモし、忘れ物がないことを確認して、オフィスで返却手続きをする。出発ロビーまでシャトルバスで送ってくれる。

イギリスの地方都市で町の中で返したことがあるが、夕方オフィスに行ったら、もう閉まっていた。驚いて本社に電話したところ、「書類を車内に入れて路上駐車せよ。鍵《かぎ》はオフィスの郵便受けに投げ込め」と指示された。このように、レンタカーは相互信頼に立脚したシステムなのである。

レンタカーで最大の問題は、違反と事故だ。現地の交通規制の詳細を知らないので、違反を犯しやすい（アメリカでは、州によって規則が違う）。

私は、アメリカで運転中に衝突事故を起こしたことがある。相手の信号無視である。周りにいた車の人々が電話してくれて、すぐに警官が来た。周りの人々が、私に過失がないことを証言してくれた。暫《しばら》くすると、レンタカー会社が新しい車を持ってきてくれた。保険を100%かけていたので、新しい車に乗り替え、何事もなかったようにドライブを続けることができた。アメリカ市民の公徳心の高さと、保険制度に助けられたわけである。

レンタカー旅行をするには、違反や事故にあった場合に現地の警官に適切な説明をできる会話能力をもっていることが、不可欠の条件である。言葉の分からない国で運転するのは、無謀極まりないことなのだ。最悪の場合、事故の責任を転嫁《てんか》される危険さえある。

1961年に構築された「壁」は、1989年までの28年間にわたって、東西ベルリンを完全に遮断した。東京でいえば、永田町や霞が関のあたりで街が分断されたことになる（ただし、全く行き来ができなくなったわけではない。39ページの写真をとった高架電車は、東西を結ぶ重要な交通路になっていた。もっとも、出入国の審査に大変な手間がかかった）。

この写真は、東ドイツ崩壊後の「壁」である。「政治で文化を作ることはできない。しかし、文化で政治を作ることは多分できる」というテオドール・ホイス（西ドイツ初代大統領）の言葉が書いてある。この単純な真理を知るために、なんと大きな犠牲が必要だったことだろう。

これを見て思い出したジョーク。「スイスに海軍省があるそうだが、海のない国なのに、おかしいじゃないか」「そんなことはない。ソ連にだって文化省がある」。

いわくつき風景④

ベルリンの壁

第5章

町中では走るのが一番

タクシーは情報産業

初めての町で移動する場合に、一番手軽で便利なのは、タクシーである。目的の場所を自分で探す必要がないからだ。

ロンドンのタクシーは、世界一といわれる。実際に乗ってみれば、納得する。行き先の住所さえ告げれば、最短距離を走って（そのために、実に奇妙な路地などを通る）、確実に目的の場所に連れていってくれる。「住所だけいわれても目的地は分からない」などと平気でほざく日本のタクシーの運転手に、これを見せたいものだ。タクシーとは、本来、乗客の地理知識の乏しさを補ってくれる情報産業なのである。

ロンドンのタクシーは、イギリス紳士がかぶる山高帽のような形で、一見していかにも古臭い。しかし、このオースティンの車両は、非常に巧妙に作られたハイテク車なのだ。回転半径も短い。客の立場からみて何よりありがたいのは、車内が広く（補助椅子《いす》を使うと、後席に5人は楽に乗れる）、ドアが大きく開いて床が低いので、大きな荷物を持っても乗り降りが簡単にできることだ。この車両がなぜ全世界に普及しないのか、私はいつも不思議に思っている。

ロンドンのタクシーは、完全に信用できる。しかし、その他の都市では、タクシーに要注意の場合が多い。とくに問題なのは、雲助タクシーである。ニューヨークのケネディ空港では、日本人がよく白タクの餌食《えじき》になる。ここに限らず、空港で大きな荷物をひきずってキョロキョロしている日本人旅行者は、白タクのカモになりやすい。乗る前に、必ず正式のタクシーであることを確認する必要がある。客引きがよってきたら、絶対に要注意だ。

ローマのホテルをチェックアウトするときに、空港までのタクシーを頼んだ。正式なタクシーを呼べと何度も念を押したにもかかわらず、来たのは白タクであった（ホテルとグルになっているのである）。クレイムを付けたが、「料金は同じ」という。時間も切迫していたので止《や》むをえず乗ったところ、果たせるかな、降りるときに正規運賃の2倍の料金を請求された。料金はともかく、あまりに腹に据え兼ねたので、大喧《おおげん》嘩《か》をした。「日本にあるイタリア政府観光局にホテル名を届ける」と脅して、ようやく正規運賃にすることを了承させた。このように、いかに注意していても、雲助タクシーから完全に免れるのは難しい。

日本では車内で料金を払うが、欧米では、降りてから払うことが多い（77ページ下の写真の女性のように）。とくに、大きな荷物がある場合には、運転手が降りて運んでくれるので、外で払うスタイルになる（ところで、日本の運転手はなぜ荷物を持ってくれないのだろう）。もちろん、チップを渡す必要がある。チップは10〜15％程度だが、いくらにするか判断に迷う場合もある。荷物の数によっても異なる。

チップの払い方としては、例えばメーターが22ドルでチップを3ドルとしたい場合、30ドル渡して釣りを8ドル貰《もら》ってから3ドル渡してもよいし、“Please take twenty five.”といって30ドルを渡す方式でもよい。運転手は5ドルの釣り銭をくれる（レストランでチップを渡す場合にも、この二つの方式が使える）。

流しのタクシーがない都市もある。途上国では、タクシーしか移動手段がない場合もある。イスラム圏の国では、タクシーに乗るにもいちいち料金交渉をするので、面倒だ。

空港との間はかなり長く乗るので、運転手と話し込むことが多い。仰天するほど面白い身の上話を聞くこともある。多くの国において、タクシードライバーは本国人ではなく、数奇な運命を経た移民だ。

サイゴン陥落から数年後のサンフランシスコで乗ったタクシーの運転手は、南ベトナム軍の将校だったと言った。ヘリコプターで脱出した話を聞かせてくれたのだが、作り話ではないと思っている。エチオピア人の運転手にあったこともある。これは、エチオピアが内戦状態になった時のことだ。社会主義諸国崩壊の前後には、アメリカのタクシー運転手に、そこからの難民が増えた。エストニア人もいたし、ロシア人もいた。オーストラリアのシドニーでホテルから空港まで乗ったタクシーの運転手は、レバノンで医者をしていたと言い、内戦前のベイルートがいかに美しい町であったかを延々と話した。

こうした人達と話していると、世界情勢の動きを肌で感じることができる。そして、そうした経験にあうことがない日本の町は、世界の他地域からなんと隔離されているのだろうと感じざるをえない。

町の空気を吸うために電車に乗ろう

「タクシーは情報産業である」という命題を裏からみれば、「タクシーに乗るのはお上りさん」ということになる。難しいのは「外国語で行き先を告げる」ことだけで、あとは、座っていれば自動的に連れていってくれる。目的地に到着できて当たり前なのだから、「達成感」がない。「海外旅行は思い出を作るための投資」という立場からすると、少しは難しい手段を取るほうがよい。「努力をし、それに成功して報われた」

という事実は、よい思い出になる。

それに、タクシーは、町の住民の日常生活とは若干遊離したところがある。大都市の場合、その町に生まれ育った人の移動手段は、通常は電車である。これは、アメリカでも変わらない。「生まれてから一度も自動車に乗ったことがない」というニューヨーカーさえいる。そのかわり、「地下鉄車両のどこに乗れば乗り換えに一番便利か」という類《たぐい》のことを、非常によく知っている。「外国旅行している」という実感を得るには、その町の住民と同じことをする必要がある。だから、外国の町の〈空気〉に浸りたい旅行者は、都市内移動に電車を用いるべきだ。

世界の多くの大都市で、地下鉄が利用できる。とくにロンドン、パリ、ニューヨークの地下鉄は、非常に発達している。ニューヨークには、専用線を走る高速の急行電車もある。夏は地獄のような暑さに堪えなければならなかったが、最近、冷房が入った。なお、地域や時刻によっては、治安に十分注意する必要がある。

ドイツの都市やウイーン、ミラノなどのヨーロッパの都市では、路面電車が走っている。路線も駅も密度高く市街地をカバーしているので、きわめて便利だ。

ヨーロッパの路面電車やドイツの地下鉄などは、無賃乗車をしても分からないような気がする。しかし、これを発見されると罰金が重いので、必ず切符を買う必要があ

ウイーンでは、地下鉄だけでなく、路面電車も発達している。この車両は、目が覚めるような赤色だった。

ロンドンのタクシー。客席スペースが広いので、便利。行く先を告げたり、料金を支払ったりするのに、このように車外から行なうことが多い。

る。回数券を買うのがよいだろう。駅の切符売場以外に、町中のニューススタンドで売っているので、便利だ。改札に相当する場所にある小さな機械で、自分で刻印する。ニューヨークの地下鉄では、トークン（専用コイン）で改札を通る方式になっている（最近はカードもできた）。

サンフランシスコには、有名なケーブルカーがある。車内に入らず手すりにつかまって乗っていると、何年も前からサンフランシスコに住んでいる人間になった気分になれるだろう。

ロサンゼルスでは、車がないと移動に苦労する。昔から高速電車の計画があったのだが、長い間実現されなかった。石油資本や自動車メーカーの陰謀もあったのだろうが、住民が望んでいなかったのである。駅がないということは、都市の「ヘソ」がないようなもので、落着かない。それに、町のスケールが自動車移動にあわせてあるので、歩くと広すぎる。建物と建物の間が開き過ぎており、駐車スペースが広すぎるのである。自動車のスケールで設計された都市は、野蛮な都市だと思う。

（なお、現在は、ロサンゼルスにも都市内の電車がある。5車線も6車線もあるフリーウエイでも、通勤時の混雑を処理できなくなったのだ。それに、スモッグという環境破壊問題も深刻化した。アメリカの都市も、日本やヨーロッパの都市並みにまとも

な場所になってきた）

都市内の公共交通機関としては、バスもある。しかし、旅行者には利用しにくい（私は、東京でもそう感じる）。「線路がないために、路線が実感としてつかめない」というのが最大の原因ではないかと思う。

歩け、歩け。できれば走れ

都市内の移動手段としては、「徒歩」もある。

私は、日常、時間の余裕があれば、歩く。例えば、霞《かすみ》が関《せき》と大手町の間で交通機関を使うのは、よほど急いでいる時か、雨が降っている時に限られる。だから、外国の街も、歩くことが多い。ヨーロッパの地方都市では、主要な目標は歩いて到達できる範囲内にある。したがって、徒歩が最も便利である。

また、徒歩でなければ行けない場所もある。その好例は、公園だ。ニューヨークやロンドンを何度も訪れた人でも、セントラルパーク、ハイドパーク、リージェントパークなどをよく知らない人が多いのではなかろうか。それは、歩いていないからである。パリのセーヌ川沿いの散歩道も、徒歩でないと通れない。この道は橋の下をくぐるので、通常とは違うアングルからパリの街を見ることができて、大変面白い。美術館の中も、徒歩だ（町中より長距離を歩くことが多い）。教会の尖塔《せんとう》に登るにも、徒歩を強いられることが多い。

徒歩の場合の最大のポイントは、靴だ。ヨーロッパの石畳の道を革靴で歩くと、疲れる。トレッキング・シューズで旅行していれば、徒歩には便利だ。見場はよくないが、腰を痛めるよりはいい。いま一つ重要なのは、市街地図だ。知らない町の場合、〈勘〉で歩くのは危険である。最初は小さな誤りでも、歩いているうちに非常に離れたところに行ってしまうからだ（ポーの『黄金虫』で指摘されている事実である）。

情報産業たるタクシーに頼らないのだから、必要な情報は自分で用意しなければならない。イラストの市街地図なら建物の状況がすぐに分かるので、分かりにくい街角で方向を知るには便利だ。ドイツ・ボルマン社のイラスト地図が、ヨーロッパの主要都市について作成されている（主としてドイツの都市だが、ミラノなどドイツ以外の都市のもある）。

テキサス州オースティンに講演に行ったときのこと。現地の世話役との夕食の会話で、「私は歩くのが好きだが、アメリカは歩いても面白くない」といったところ、「では、明日の朝、山に連れていってあげよう」ということになり、一時間ほどの散歩になった。「散歩の接待」というのは、空前絶後の経験であった。

走れば、歩く場合より到達範囲を広げることができる。一定時間内に見て回れる対象を飛躍的に拡大できるだけでなく、徒歩では行けないところにも行ける。

ドイツの町にある公園は、ベルリンの「ティアガルテン」を始めとして、非常に広大なので、歩いては端まで行けない。ニューヨークのセントラルパークやロンドンの公園でさえ、徒歩では時間がかかる。ワシントンD.C.では、北に向かって少し走れば、山奥のようなところまで行ける。私は、パリのオペラ座近くのホテルから、ブローニュの森まで走ったことがある。ローマのアッピア街道を走ったこともある。これは、ローマ・オリンピックでマラソンのコースになった場所だ。有名な「クオバデス寺院」を見たり、道の両側に続いている古めかしい塀の中が農地になっているのを発見したりして、非常に面白かった。

ジョギング中毒になると、「移動のために走る」というよりは、「走るために移動する」という場合も多いだろう。欧米の町には公園が多いため、信号で中断されずに長い距離を走ることができる。川沿いの道なども、気持ちがよい。ジョギング中毒者にとっては、理想郷だ。片道はバスか電車で移動して、片道だけを走るという方法も考えられる。

アメリカではジョギング人口が多いので、昼日中に走っても、少しもおかしくない。しかし、ヨーロッパで走ると、奇異の目でみられる。したがって、人目の少ない早朝に走るなどの注意が必要だ。

トイレはどこ？

町を歩いていてトイレに行きたくなったとき、どうするか？　切実な場合には「大変切実な」問題だ。それにもかかわらず、これまでの旅行ガイドブックは、これについて適切なアドバイスを与えていない。これは、誠に不思議なことである。余計な情報は満載なのに、最も切実な事態への情報提供がないのである。

これは、とくに日本人旅行者にとって問題だ。なぜなら、「町なかで利用できるトイレがどこにあるか」が、日本と欧米でかなり違うからである。日本の場合、普通行くのは、デパート、ホテル、駅、それにパチンコ店などであろう。橋のたもとにも、公衆トイレがある場合が多い。ところが、欧米ではこのいずれもが駄目なのである。

デパートにトイレはあるが、分かりにくい場所にあるし、数も少ない。日本だと大きな書店などにトイレがあるが、欧米ではない。一般に、商店のトイレは使えないと考えるべきだ。駅も、長距離列車の駅にはあるが、地下鉄の駅にはない。ホテルも、小さなホテルでは、宿泊客でないと入りにくい。橋のたもとにもない。パチンコ店はそもそも存在しない。このように、トイレのありかは、日本の場合と非常に違う。共通なのは、公園の公衆トイレくらいだが、アメリカでは、これも駄目だ。あっても閉鎖されている場合が多いし、閉鎖されていなくても、危険だ。

では、トイレはどこにあるか？　答えは、パブやカフェー、そしてレストランである。トイレだけの利用も許される。しかし、日本人の感覚では、「何の用か」と聞かれそうな気がして、なかなか利用しにくい。私自身がそうである。出入りの多いカフェーなら大丈夫だろうとか、厚いドアが閉まっている高級レストランは駄目だろうということは分かるが、その中間で迷う場合が少なくない。

私のアドバイスは、比較的大きなカフェーを選ぶことだ（小さなカフェーやパブでは、トイレがない場合が多い）。そして、椅子《いす》に座ってコーヒーでも飲んでゆくことにする。こうすれば、「トイレはどこか？」と堂々と聞くことができるだろう。

レンタカーで移動している場合には、ガソリンスタンドのトイレを利用する。アメリカでは、昔は自由だったが、いまでは厳重に鍵《かぎ》がかかっているので、給油しないと駄目である。

オフィスのトイレも、普通は厳重に施錠《せじよう》されている。会議や面談の途中にそっと抜け出して行っても、入れないわけだ。必ず、鍵を貸してもらう必要がある。日本のビルでトイレが自由に使えるのは、治安の良さの証拠なのである。

バングラデッシュの首都ダッカの都心部で見た異様な風景。鉄道敷地に人々が住みついている。廃線なのかと思ったら、汽笛を鳴らして列車が現われた。汽笛は、線路上の人々をどけるためである。

なぜ、よりによって線路に住むのか？　いまだに理由が分からない。鉄道敷地は民有地でないため、立ち退きを強制する地主がいないからだろうか？

バングラデッシュは、しばしば洪水に襲われる。そうなると、国土の大半が水没してしまう。洪水が起こると多数の死者がでるのだが、その原因は、水の中でコブラにかまれることだそうだ。そういう話を聞くと、「町の平均より数メートル高いためにコブラを避けられるのが、人々がここに住む理由だろうか」とも思えてくる。

ダッカの町では、学齢期の子供達が、肉体労働をしたり、物乞いをしたりしている。彼らの中には、もし適切な教育を受ければ、ノーベル賞を得られるような子供がいるかもしれない。豊かさは人間を堕落させるかもしれないが、しかしその前に、貧困こそ憎むべき敵であることを忘れてはなるまい。

日本からアジアのリゾート地への直行便は運行されているが、ダッカへの直行便はない。だから、こうした異様な風景は、日本人にあまりなじみがないものだ。

いわくつき風景⑤
鉄道線路に住む人々

第6章　空の旅のノウハウ

なんとも不透明な航空運賃

島国に住む日本人にとって、海外旅行は飛行機と切り離せない。だから、空の旅に関するノウハウは、きわめて重要だ。

最初に、等級選択の問題がある。昔はファーストとエコノミーだけであったが、1970年代の混乱期を経て、ファースト、ビジネス、エコノミーというクラス分けが定着した。

問題は、「料金の差がサービスや快適さの差を正当化するものか否《いな》か」である。実は、これが明確でないのだ。この点は、個人海外旅行を経済面からみた場合に、最大の問題だといってもよい。

ビジネス以上であれば、スケジュール変更も、席位置の事前予約もできる。多くの空港で特別のラウンジを利用できる。これらは、明らかだ。問題は、キャビンの状況である。ビジネスクラスでも、アッパーデッキ（2階）の席であれば、ファーストクラスとほとんど変わらない快適さを享受《きょうじゅ》できる。しかし、エコノミーの前にある狭い部分を区切っただけの場合もある。この区画で両隣の乗客に挟まれた席だと、ビジネス料金を払う意味は、あまりない。日本の某エアラインが使っている機体で、乗務員用の休憩区画がビジネスクラスの真ん中に設けてあるため、キャビンが異様に狭苦しいものもあった。こんな機体にあたってしまうと、エコノミーのほうがましである。実際、エコノミーでも、最前列の席を得られれば、ビジネスクラスより快適な場合もある。このように、キャビンの個別事情によって、快適さはかなり変わる。それにもかかわらず、具体的状況が事前には必ずしも把握できないのである。

いま一つの問題は、料金が必ずしも透明でないことだ。とくに、「エコノミー」についていて、これが顕著だ。このクラスには、つぎの4種類の運賃がある。

(1)エコノミー普通運賃(1年を通じて一定の値段で購入可能で、1年前から予約可能)

(2)IATA・ペックス運賃(キャンセルには手数料が必要など、条件が普通運賃より厳しい)

(3)ゾーン・ペックス運賃(あらかじめ定められたゾーンの中で、各航空会社が自由に価格を設定する)

(4)格安航空券(旅行会社向けに卸されたパッケージツアー用の航空券がばら売りされたもの)

この中でも、とくに（4）は、旅行会社によってかなりの価格差がある。つまり、マーケットが不完全なのである。

数年前まで、格安航空券は、手探りで買うしかなかった。最近では、数社がインターネットに具体的な価格を掲示しているので、比較ができるようになった（私のホームページの〈「超」旅行法〉のコーナーに、リンク集が作ってある。これを用いると、各社の料金が簡単に比較できるので、是非利用されたい）。

それでも、「もっと条件のよい券があるのではないか」という疑いは残る。つまり、マーケットはまだ完全に透明ではないのである。また、最近では、ビジネスクラスにも格安航空券が現われた。こうなると、これまで公定価格で統制されていた分野も乱れてくる。

そもそも、同一のクラスであるのに買い方によって数十万円もの価格差が生じてしまうのでは、まともな市場とはいえない。また、ビジネスにも格安航空券が現われると、エコノミー普通運賃より安くなってしまう。つまり、料金の安いほうがクラスが上なのだ。形式と実態がこのように乖離《かいり》してしまうのは、はっきりいえば、「いかがわしい」市場である。航空券の価格がより透明化され、事情を知らない旅行者でも安心して買えるシステムになることを望みたい。

クラスの次に選択すべきものは、航空会社である。重要なのは、IATA（国際航空運送協会）加盟会社か否かということもあるが、まずは、航空会社の所属国だ。途上国の航空会社の飛行機で、トイレが不潔で臭く、我慢できなかったことがある。イスラム圏国のエアラインに乗ったら、離陸前にコーランを聞かされた。特別の理由がない限り、こうしたところは避けたほうが無難だろう。

フラッグキャリア（その国を代表する航空会社）は、母国の空港で一番よい施設を使っている。したがって、出発国のフラッグキャリアを選べば、チェックイン・カウンターが多数あり、ラウンジも立派だ。逆にいうと、外国の空港で日本の航空会社を利用すると、不便なことになる。専用のカウンターがなく、直前まで開いていないことがある。ビジネスやファーストのラウンジも、他の会社と共用で混雑している。

航空会社は、客の囲い込みのために、マイレッジ・サービス（フリークエント・フライヤーズ・プログラム）を提供している。日本では禁止されていたが、数年前から解禁された。これがあると、どうしても特定の航空会社に集中したくなる。しかし、本当にメリットがあるのかどうか、疑問である。有効期限があるから、折角ためても使えない場合が多い。また、対象便などが限定されていて、有効期限内でも利用できない場合がある。実際には、焦燥感だけが募るということになりかねない。このようなサービスは廃止して、料金そのものを合理的にしてほしいものだ。

いざ空港へ

空港に向かって自宅やホテルを出る前に、航空会社に電話するほうがよい。遅延がありうるからだ。この場合には航空会社が電話で知らせてくれることになっているのだが、確実ではない。

成田空港は都心から遠いので、交通機関の選択が問題となる。バスや乗用車では、渋滞に巻き込まれる危険がある。一般には、成田エクスプレスが安全だろう。しかし、台風で3時間近く遅れて、あやうく乗り遅れそうになったこともある。私は、午前中発の便の場合には、前夜に空港近くのホテルまで車で行き、そこに駐車することが多い(日本航空と全日空は、それぞれが経営するホテルでチェックインできる)。この方式だと、帰りも楽である。

外国の大都市には、国際空港が複数あるところがある。また、ターミナルが複数あり、エアラインや目的地によってターミナルが異なるところも多い。これらは、必ず事前に確認しておく。タクシーが空港に近づくと、運転手が必ず「どのエアライン

ヨーロッパの空港での乗機風景。

オーストラリアで、露天掘り炭坑を見学に行った際に乗った小型機の操縦席。

か」と聞く。エアラインによってターミナルやカウンターの位置が異なるからである。レンタカーを返却してからシャトルバスでターミナルに向かう場合も、運転手にエアライン名を告げる。

出発時の空港における最も重要な資源は、「時間」である。だから、十分の余裕をもって行動する必要がある。とくに、旅行シーズンには、日本からの出国手続きに非常に時間がかかる場合があるので、注意を要する。成田での混雑が予想されるときには、箱崎で出国手続きを済ませる方法もある。外国の空港で、チェックイン・カウンターに肝をつぶすほど長蛇の列ができているときもある。

荷物を預けると、クレイム・タグという半券を渡されるので、行き先を確認する。私は、念のため、荷物につけられたタグも正しい行き先になっているかどうか、チェックする（よく見えない場合もあるし、略号表記なので分からない場合もあるが）。なお、荷物に古いタグが残っていると誤送の原因になりかねないので、チェックインの前に必ずはがす。

乗り継ぎがある場合、チェックインする荷物は、「最終目的地宛《あ》て」（スルー・チェック）とする。ただし、入国した空港でいったん受け取り、通関した後に再び預ける。具体的にどのような手続きかは空港によって異なるので、機内で乗務員に聞くのがよいだろう。

チェックインしたら、航空券の正しい部分が切り取られたことを確認しよう。間違った券面が切り取られるというケースも、皆無ではないからだ。

入国した空港で、入国手続きを行なう。通常聞かれるのは、旅行目的、滞在期間などだ。どこの国でも英語で通じるが、それにも自信がなければ、定型的な質問に対する答えをあらかじめ紙に書いておいて、見せてもよいだろう。

出入国手続きは、慣れない手続きだし、緊張しているので、手持ちの荷物を置き忘れる恐れがある。そうならないように、フールプルーフ・システムを作る必要がある。例えば、手持ち荷物は1個に限定し、キャリングカートで持ち運ぶ。上着を脱いだときなどは、必ずカートにかける。パスポート、航空券、クレジットカードなどの貴重品は、一つのカード入れにまとめ、入れる場所を決めておく（私は上着の内ポケットに入れている）。

帰国時の出発空港で、土産物などの買い物をすることが多い。しかし、空港やターミナルによっては、免税店が貧弱だったり、品数が少ないこともある。また、スカーフなどのブランド品を買っても、化粧箱に入れてくれないことが多い。どうしても必要なものは、町中の免税店で買っておくのがよいだろう。その場合には、空港の税関で付加価値税や物品税のリファンド（払い戻し）の手続きをするので、書類の他に、実物を係官に見せるためにスーツケースに入れないで携帯することが必要だ（これは忘れがちなので、とくに注意を要する）。

外国では、フライト・スケジュールが変更になったり、キャンセルされたりすることがめずらしくない。空港に着いてから慌《あわ》てないためにビジネスマンがよく利用しているのが、ＯＡＧ（Official Airline Guide）だ。これを見て、別の便を手配する。日本では入手しにくいが、インターネットのホームページ（http://www.oag.com/）から注文できる（２１３ページも参照）。

機内で聞く音楽は最高

飛行時間が数時間を越えるフライトの場合、私は洗面所に容易に出られることを最優先にして、通路席を選ぶことにしている。窓際《まどぎわ》の席は落ち着けるので瞑想《めいそう》には最適だが、隣席の乗客がテーブルを下ろして寝てしまったときなどは、トイレに行くのに大変な苦労をする。もっとも、窓からの眺めが期待できる場合には、迷うこともある。実際、山脈や砂漠、オーロラ、積乱雲中の雷光、それにヘール・ボップ彗星《すいせい》など、機内からの眺めでいつまでも忘れられないものは多い。

私の意見では、機内は音楽を聴くのに最高の場所である。他にすることがないので、集中できるからだ。それだけでなく、私が密《ひそ》かに想像するところでは、キャビン内の気圧は地上気圧より少し低く、そのため身体《からだ》が膨張して気分が高揚するのではないだろうか？　もっとも、気分が高揚するのは、日常生活の拘束から解放され、シャンパンで脳細胞が麻痺《まひ》しているからかもしれない……。いずれにしても、飛行中に聴く音楽は、非常に感動的だ（実際には、高度750０メートルまでは地上気圧、1万メートル以上で高度2000メートルに相当する気圧にするそうだ）。

ところが、機内で提供されている音楽プログラムを聴いていると、「ただいまから免税品販売のご案内をいたします」などというアナウンスで音楽が突然中断され、感動が空中分解してしまうことがある。これは、犯罪的暴力行為だと思う。

こうした事態を避けるには、自分でCDとプレイヤを持ち込むしかない。したがって、これらと電池は、私の機内持ち込み品のうちでとくに重要なものだ。持ち込むCDを選択するのは、私の海外旅行準備過程において、重要な位置を占めている。それにもかかわらず、予備電池を機内に持ち込むのを忘れることがある。電池はチェックインしたスーツケースの中にしまってあり、それは床下の貨物室に鎮座しているのだ！　床を破って取りに行きたい気持ちになったこともある。

貴重品は、機内持ち込みにする。かつて、ロンドン・ヒースロー空港などで、日本人旅行客のスーツケースが切り裂かれて中身を盗まれた。日本人は現金などの貴重品をスーツケースに入れるというのが、こうした犯罪の原因になったらしい。最近ではこうしたことをあまり聞かなくなったが、用心するに越したことはない。

機内の飲料水は衛生上問題があるというので水のボトルを持ち込む人もいるし、機内のまくらは小さすぎるというので自分用のを持ち込む人も多い。機内は空気が乾燥するというので、携帯用吸入器を持ち込む人もいる（私も買ったが、一度も使ったことがない）。

映画が終わった直後と着陸前には、トイレが混む。この時間帯を避けるのも、快適な機内生活のための重要なノウハウだ。

機内から持ち出せるもの、持ち出せないもの

飛行機の中から何を持ち出してよいか？　深田祐介《ゆうすけ》氏は著書の中で、「エアラインは毛布までは大目に見る」と書いている。本当だろうか？

持ち出しが絶対に禁止されているのは、救命具である。確かに、万一着水したときに、救命具がないのでは困る。しかし、飛行機に搭載してあるのは非常に性能がよいので、釣り用に狙《ねら》われるのだという。では、なぜそれと同じものが市販されていないのか？ あるいは、機内で販売されていないのか？ 不思議なことだ。

ある元スチュワーデス（正式には、女性客室乗務員）から聞いた話だが、「ご用の際には、前におりますスチュワーデスにお申し付け下さい」と言うべきところを間違って、「ご用の際には、前におりますスチュワーデスをご利用下さい」と言ってしまった（これは、国際線ではなく、国内線での話だ）。それまで「緊急時の注意」などを聞き流して新聞を読み続けていたビジネスマン達が、一斉に頭をあげて彼女を注目したそうである。もちろん、これは単純な言い間違いであって、実際には、スチュワーデスの利用や持ち出しは禁止されている（もっとも、私が知っているある大学教授は、機内で乗り合わせたスチュワーデスを何人もスカウトして秘書に採用したことで有名だった）。

脱線を続けると、彼女はよく言い間違いをしたらしい。「皆様、左の窓から富士山がよく見えております」と言うべきところを、「皆様、左の窓から富士山がマルミエでございます」と言ってしまった。「裾《すそ》の先まで本当によく見えた」のだそうだが、その感動が伝わってくる。機内で子供達に猿の形をしたおもちゃを配っていたときのこと。泣きわめいて、うるさい男の子がいた。「はい、坊やにお猿さんのおもちゃですよ」と言うべきところを、うっかり「はい、お猿さんにおもちゃですよ」と言ってしまった。はたせるかな、隣に座っていた母親に睨《にら》み付けられたそうだ。

いわくつき風景⑥　人形劇の『魔笛』

ウイーン郊外のシェーンブルン宮殿で、人形劇の『魔笛』を上演している。開演前のロビーで、人形の操り方を観客に説明しているところ。

シェーンブルン宮殿は、ウイーンの中心街から地下鉄で簡単にゆける。私が訪れたのは、よく晴れて涼しい夏の日の夕方であった。広い敷地の中を、観客が三々五々集まってくる。

音楽は、オーケストラ演奏ではなく、録音だった。ただし、カール・ベーム指揮ベルリン・フィルハーモニーの演奏である。パパゲーノ役は、ディートリッヒ・フィッシャー=ディスカウだ。実は、この録音は、私が初めて『魔笛』全曲を聞いた思い出の演奏なのである。アナログのレコードなので、最近は聞くことがなかった。名演奏との思いがけない再会に感激した。

『魔笛』は荒唐無稽な筋の話なので、生身の人間より人形のほうが向いているといえなくもない。しかし、よく見ると、（当然のことだが）人形はどんな時にも無表情だ。「人間になりきれないあわれさ」に、胸がしめつけられた。

第7章　一人旅で食事を楽しむ

一人でさまになるレストランをどう探す？

食事は、外国旅行の最大の楽しみの一つだ。日本でもフランス料理やイタリア料理、そして中華料理などを食べられるが、現地の味はだいぶ違う。パリやミラノは、食事だけのために行ってもよいくらいだ。何年たっても忘れられないような経験もある。

こうした場所で、日本大使館員や日本企業の駐在員の方に、日本料理店に案内されることがある。どんな思惑で日本料理店にしたのか、理由は場合によりさまざまだろうが、連れてゆかれるほうからすると、折角のチャンスを無駄にするわけで、誠に残念だ。こんなときには、「腹の調子が悪い」と仮病を使って、後でこっそり一人でレストランに行きたくなる。

一人旅の場合には、誰にも気兼ねせずに好きなレストランを選ぶことができる。しかし、この場合には、別の問題に直面する。それは、「レストランで一人で食事をするのは、さまにならない」ということだ。

試みに、パリのタイユバンやトゥールダルジャンといった高級レストランに、「今晩一人で食事をしたいので予約したい」と電話してみるとよい。丁重に断られるか

(あなたのフランス語が流暢《りゅうちょう》な場合)、あるいは馬鹿《ばか》にされて断られるか(下手なフランス語か英語の場合)であろう。万一席がとれても、食事のあいだ中落ち着かない気持ちで過ごさねばなるまい。

したがって、「一人でさまになるレストランの探し方」は、一人旅におけるきわめて重要なノウハウである。ヨーロッパ旅行の場合には、最大のノウハウであるといってもよいくらいだ。私は、長年の労苦と試行錯誤の末、これに関するノウハウを二つ開発した。それを以下に述べよう。

第1は、『ミシュラン』に頼ることだ(またしてもミシュランだが!)。ただし、漫然と見るのではない。下から見てゆくのである。「下から」とは「安いほうから」という意味だ。

これは、必ずしも味を犠牲にすることを意味しない。なぜなら、高級レストランの価格のかなりの部分(決して「すべて」とはいわないが)は、雰囲気代だからである。これは、主として女性を連れてゆくための舞台装置代である。

一人で食べるなら、食事そのものを選べばよいのである。ミシュランに掲載されているレストランなら、この条件は満たしている。このようなレストランでは、味だけを目的に集まった一人客が何人もいる(女性の一人客さえいる)。したがって、悠々と一人で食事することができる。

むしろ、味だけからいえば、高価なレストランで失望する場合さえある。一人旅においては、レストランの雰囲気でなく、純粋に食事だけに集中することとしよう。

そもそも、「連れがいないと格好がわるい」というのは、邪道である。「スポーツカーを運転するとき、女性をのせてはならない」という主張があるが、これと同じことだ。私は、スポーツカーについてもレストランについても、この主張に衷心から賛同する。日本ではこれを実行するのが難しい人でも、一人旅では実行せざるをえまい。

なお、パリやロンドンのような大都市については、都市部分だけを抜き刷りにしたミシュランが発売されている。500円程度なので、1回の食事だけのために購入しても、惜しくはあるまい。町の書店で簡単に手に入る。

第2のノウハウは、気に入ったレストランを発見できたら、そこを繰り返し訪れることである。昼に食事したレストランで夜も食事したところで、何の不都合もない。注文する料理を変えればよいだけのことだ。「あの席がよい」というような具体的な指定もできるから、隅や窓際《まどぎわ》の落ち着いた席を確保することができるだろう。

ミシュランがカバーしていない場所ではどうするか?

いうまでもないことだが、レストランの選択に関して、ミシュランがすべての問題を解決するわけではない。

第1は、フランス的な評価であるため、ドイツやイギリスなど他国の料理に関しては、バイアスがあることだ。中華料理にいたっては、全然駄目である。

普通の日本人なら、海外を1週間も旅行していれば、中華料理を食べたくなる。しかし、これに関する適切なガイドは、ミシュランでは得られない。中華料理店も載ってはいるのだが、値段ばかり高くて内容が伴わないような店が多い。少なくとも、「雑然としているが味はとびきりよい」というような店は載っていない。

第2の問題は、ヨーロッパ以外の地域は、ミシュラン(赤本)がカバーしていないことだ。もちろん、そうした地域でも、レストラン・ガイドは存在する。しかし、どの程度信頼できるかが分からないのである。この場合には、つぎのような対処法がありうる。

第1は、知人によるクチコミ情報に頼ることだ。例えば、私はニューヨークのオイスター・バー(グランド・セントラル・ステーションの地下にある大きなシーフードのレストラン）をある人に教えて貰《もら》って以来、一人でニューヨークに行くときは、必ずここで食事する。

ただし、クチコミ情報がどの程度の普遍的妥当性をもつかは、場合によって異なる。ホテルのコンシェルジュに聞くという方法もあるが、中立公平な情報がえられるかどうかは、疑問である。

第2は、中華料理店を選ぶことだ。欧米であれば、人口数万程度の町には必ず中華料理店がある。そして、どの店に入ってもある程度の水準は期待できる。イギリスの田舎のレストランなどでしばしば経験する「まずくて一口も食べられない」ということは、中華料理店ではまず起こらない。したがって、レストランに関する情報が皆無の場合には、中華料理店に行くのが、もっとも安全な方法だ。中華料理店を探すには、「イエローページ」（職業別電話帳）を用いる。ある程度のホテルなら、部屋の机の引き出しなどに置いてある。

なぜ中華料理店は信頼できるのか？　その答えは、「競争原理」である。全世界の中華料理店の殆《ほとん》どは、中国からの移民によって経営されている。彼らは、いかなる縁にも頼らず、提供する商品のみによって、他の飲食店と競争しているのである。だから、決して質を落とせないのだ。

ヨーロッパの街を歩くと、ショウウインドウにケーキや食べ物を飾ってあるのをよく見掛ける。果物屋の店先には、色とりどりの果物が並んでいる。眺めているだけでも、楽しい。果物を買ってきて、ホテルの部屋で食べるのもよいだろう。

（これに対して、海外における日本料理店の多くは、地元の一般住民というよりは、現地に駐在している日本人ビジネスマンを顧客としている。彼らビジネスマンは、日本料理店を日本からの来客の接待に使っている。つまり、海外に立地していながら、国際競争に晒《さら》されていないのだ。このため、価格が異常に高い場合が多い。だから、旅行者は日本料理店を避けるほうが賢明だ）

第3は、格式あるホテルのレストランを利用することだ（とくに昼食の場合）。やや高めだが、街のレストランとさほどの差があるわけではない。多くの場合、サービス、味、雰囲気は、十分にその差に値する。

第4の方法は、チェーン・レストランに行くことだ。これは、日本のファミリー・レストランのようなものである。印象に残る食事を期待することはできないが、「まずくて喉《のど》を通らない」食事を避けることはできる。この方法は、とくにアメリカで有効だ。アメリカでは、町から町へと車で旅する場合が多い。見知らぬ町を訪れた旅行者が購入物やサービスについて情報をうる一つの方法は、チェーン店やフランチャイズ店を選ぶことなのである。そうした店では、どのような料理が出てくるかが、予《あらかじ》め予想できる（第3章で、「いったん泊って気にいったモーテルのチェーンを泊り歩くのがよい」と述べたが、これも同じ原理だ）。アメリカでは、「スターバックス」とい

パリ、セーヌに浮かぶサンルイ島の古い町並みにある小さなレストラン。一人旅では、こういうところがよい。ミシュランの一番下のクラスで見つけた。「昼に食べたレストランで夕食用の席を予約し、戻ってくる」というノウハウを思いついたのは、ここである。

1960年代にアメリカの学生旅行用のバイブル的存在だった「1日5ドルシリーズ」。starvation budget（餓死寸前の予算プラン）など、いま読んでも面白い内容だ。「デパートの食堂で食事する。スーパーで買ってくる」などの方法が披露されている。

うコーヒーショップがさまざまな町にある（暫《しばら》く前から、東京にも増えた）。昼なら、ここのコーヒーとデニッシュで食事を済ませることもできる。

第5の方法は、レストランに入らずに、購入したピザやサンドイッチで済ませることだ。これは、とくに昼食に関して有効である。もともと、アングロサクソンは、昼は簡単にすますます。大学のキャンパスでは、学生がところかまわず座り込んで食事している。イギリスのフィッシュ・アンド・チップスやアメリカ西海岸のタコスなど、空腹のときには驚くほどうまいと感じることもある（これらは、日本におけるラーメンのようなものである）。

（少し脱線だが、ミシュランがカバーしていないためにレストランの選択で苦労する最大の問題国は、他ならぬ日本なのである。レストラン・ガイドは山ほどあるにもかかわらず、殆ど信頼できない。場当たり的で、本当に良い店がもれていることがある。また、提灯《ちょうちん》持ち情報が多く、マイナスの評価を正しく行なっていない。最近、「ザガットサーベイ」の東京版が現われた。かなり正確な評価のようで、期待できる。また、インターネットのWWWにも、投稿によって評価を行なうレストラン・ガイドが登場した。私のホームページにリンク集があるので、試みられたい）

水と言葉と会話

夕食は、できるだけ事前に予約する。泊っているホテルのレストランでも、予約していないと席がとれないことがある。リゾート地で近くにレストランがない時などは、往生する。

日本では、かなり正式のテーブルでも、食事の際に水を飲める。しかし、ヨーロッパではそうはゆかない。フランスでは、水を飲みながら食事をすると、「蛙《かえる》と同じ」といわれる。「飲み物は？」と聞かれたとき、アルコールが飲めない人は、肩身が狭い思いをする。

山崎正和《まさかず》氏があるエッセイで、この不都合さを嘆いていた。フランス、ドイツ、イギリス、アメリカの順で、食事の席で水を飲むことへの許容度がます（アメリカでは、空港に水飲み機があるほど、水に対する許容度が高い）。この原因を、山崎氏は労働者の勤勉さに求めている。勤勉な国では、食事の際にアルコールなど飲んでいられないというのだ。確かにそうかもしれない。ヨーロッパでも、最近は勤勉になってきたためだろうか、食卓で水が飲める場合が増えてきた。しかし、ミネラルウオーターであり、無料ではない。また、炭酸入りの場合が多い。日本人にはなじまないことが多いので、「ガスなし」(without gas, ohne Gas, sans gazeuse, non gassata) を明確に伝えることが重要である。知人のお嬢さんが、ドイツ滞在時に最初に覚えたドイツ語は、これだった。日本人にはそれほど重要な表現であるにもかかわらず、「海外旅行者用会話集」の類《たぐい》には載っていないことが多い。

開発途上国の場合、うっかり水を飲むと、猛烈な下痢に襲われる。ビールなどなら大丈夫だが、グラスに注いではならない。ビンから直接に飲む必要がある。氷も駄目である。ホテルの部屋にポットなどが置いてある場合、「この水は飲めるか」"Can I drink this water?" と聞いては駄目である。彼らには飲める水なので、"Yes." という答えが返ってくる。私は、このようなやり取りの後に飲んで、ひどい目にあった経験がある。「煮沸してあるか」"Has this water been boiled?" と聞くべきだ。

「フランスの高級レストランはフランス語以外を受け付けない」という人がいる。しかし、これは昔話である。少なくともパリなら、いまや予約から注文まで、すべて英語でできる。さすがにメニューは英語で書いていないが、英語で質問すれば英語で答えてくれる。国際競争に生き延びるには、フランスのレストランといえども英語を許容せざるをえなくなったのである。

メニューを読むために、現地語の辞書は必需品だ。日本からもって行くのを忘れたら、現地で英語との辞書を買えばよい。もっとも、辞書があっても分からない場合も多い。「プロバンス風の」とか「アルル風の」などといわれても、分からないのは当然だ。素性の分からぬものは、頼まないほうがよい。それくらいなら、まわりのテーブルを見渡して、「あれと同じもの」というほうがましだ（ただし、高級レストランではやらないほうがよい）。

食事中にウエイターやウエイトレスが、「料理はどうか？」"How is everything?" などと声をかけて来ることが多い。こんな時は怪訝《けげん》な顔などせず、直ちに "Very good!" "Perfect!" などと応じることにしよう。もし相手がヒマそうなら、まず大袈裟《おおげさ》に料理をほめてから、世間話をするのも悪くない。リゾート地のホテルなどでは、この種の会話が食事を構成する不可欠の要素となっている。思い出に残る食事というのは、食事の味だけの思い出でなく、このような会話とも密接に結びついているのである。

チップは、10〜15％程度といわれている。クレジットカードで支払う場合は、gratitude と書いてある欄に書き込む。日本人は慣れていない習慣なので、迷うときもある。ホテルの朝食などでも必要なのか？　勘定書きに「サービス代」としてすでに一定額が書き込まれている場合にどうするか？　等々。ただし、十分なチップを置けば、ウエイターは必ず丁重な礼をいう。食事の思い出を大切にしたいなら、チップを節約しないほうがよい。

多くの国において、レストランの会計は、テーブルにおいて行なう。ところが、これには時間がかかる。いくら意思表示しても来てくれない。テーブルごとに係りが違うので、通りかかったウエイターやウエイトレスに声をかけても、無視される。やっと現われても計算に異常に時間がかかる。列車や飛行機の時間が迫っているときなど、やきもきする。

もっとも、場合によっては、厄介な会計プロセスが「思い出に残る食事」の不可欠な要素になることもある。昔、ウオールストリート近くのギリシャ料理店に連れていってもらったことがある。オナシスも時々来るという有名な店であるが、ビュッフェ形式で好きなものを選ぶようになっている。食事を終えた客が、出口のレジに並ぶ。そこには、銭湯の番台のような高い場所にお婆《ばあ》さんが座っている。客が自分の食べたものを申告すると彼女がそれを石板に書き付けて計算をし、「はい、いくら」と示してくれる。

このようなシステムになっていることを知らなかった私は、何を食べたか忘れてしまったので、まごついた。ところが、連れのアメリカ人は、「何でもよいから、言え」という。あとで聞いたら、どのような申告をしようと、料金は変わらないのだそうだ。それを知りつつも一所懸命に申告するのが、このレストランにおける不可欠のプロセスだったのである。

イギリスの西端、コーンウオール半島にあるセント・マイケルズ・マウント。フランスにある同名の観光地モン・サン・ミッシェルと同じような城がある。どちらも同じ僧侶によって建てられたもので、当初は僧院であった。

徒歩で島まで行ったのだが、帰ろうとしたら、潮が満ちてきた。見る見るうちに帰り道が海に沈んでゆく。「これは大変。帰れなくなる！」と、島の観光を途中で打ち切り、ズボンをまくって大慌てで帰ってきた。この写真は、やっとの思いで岸に辿りつき、ほっとして振り返ったところである。ところが、暫くしたら、連絡用の船が出てきた。何事も、慌てると判断を誤るものだ。

ここから30キロほど西に行くと、イングランドの最西端「ランズ・エンド」に至る。「地の果て」とは大袈裟な地名だが、絶壁に波が荒れ狂うさまは、ダイナミックだ。半島の北側にあるセント・アイヴスは、美しい小さな町で、忘れがたい。

いわくつき風景⑦ **帰り道が海に沈む！**

第8章　買い物と土産

美術館や大学で土産を買う

日本人の海外旅行に付きまとうのが、土産である。これだけ海外旅行が一般化したにもかかわらず、なお昔の習慣から脱却できない（空港での送迎は、さすがになくなったが）。

とくに厄介なのが、職場である。私的な旅行であっても、休みをとるので、ある程度の範囲の人々に買ってこなければならない。かなりの数が必要になる場合もある。そのことがいつも念頭から離れず、「出発時の成田空港の免税店から買い物が始まり、帰国途上の機内まで土産物リストとにらめっこ」ということになりかねない。1年に何度も出張するのに、その都度土産が必要という人も多いだろう。

しかし、人間の心理は勝手なもので、貰《もら》う立場になってみると、土産物リストに自分が入っていたと考えられるのは、嬉《うれ》しいことだ。「旅行中忘れないで気づかっていてくれた」ということの証拠だからだ。こうした目的のためには旅先から葉書を出してもよいのだが、その場合でも、土産品を買ったほうがよいと思う人が多いだろう。

土産物リストの記載者が10名を超えるような場合、単価がさほど高くなく、軽くてかさばらないものがほしい。この観点から推奨できるのは、美術館の売店や大学の書店で売っているレターセットやカード類である（ただし、欧米の場合）。バースデイカードだけでも非常に沢山の種類がある。

例えば、Belated Birthday Card というのがある。これは、相手の誕生日に出し忘れた「言い訳」のカードである。わざと遅れて出したくなるほどよくできたものもある。美術館展示作品の絵葉書にも、非常によいものがある。日本では手に入らないから、喜ばれる。単価は数百円から千円程度なので、かなり大量に買える。カレンダーにも非常に魅力的なものがある（ただし、祝祭日が日本と違うので、あまり実用的とはいえない）。

これまで海外旅行の土産品としてよく使われてきたのは、チョコレートやナッツ類だ。一昔前だと、酒も多かった。「外国土産はジョニーウオーカーの黒」と決まっていた時代もある（渡航地がどこであっても）。海外旅行が珍しく、関税が高かった時代には、これでもよかったろう。しかし、いまこうしたものを貰って嬉しいと思う人は、多くあるまい。土産で「差をつけよう」と思うなら、個性的なカードを探すのが一番だ。

美術館の売店や大学の生協（とくにアメリカの大学）には、レターセットやカード以外にも、トートバッグ、名入りのTシャツ、ステッカーなど、個性的な土産品が沢山ある。デパートの家具売り場や台所用品売り場を見て回るのも、面白い。テーブルマット、ティーマット、コースターなどに、デザインのよいものがある。胡椒《こしょう》などのスパイス類やジャムも面白い。部屋の飾りに瓶を並べておくだけでもよい。

アメリカの場合には、町のスーパーマーケットで売っている日用品が、よい土産になる。例えば、「米（コメ）」だ。カリフォルニア米など、日本産の米よりずっとうまくて安い。チョコレートも、免税ショップで買うより、町のスーパーマーケットで買うほうがよいという意見がある。郵便局に出かけて切手を買うのも一案だろう。ドイツやイギリスの切手は、とくによい。アメリカの文房具店で売っている黄色のレポート用紙を愛用している人もいる。

化粧品は、日本製のものの品質が低いので、土産としてよく使われる。いまは日本国内でも外国製品が手に入るようになったが、欲しいものが簡単に入手できないことが多い。薬が土産品になることもある（暫《しばら》く前は、ビタミン剤やメラトニン。最近ならバイアグラか？）。

海外で世話になる人がいる場合には、日本からの土産も必要になる。相手が日本人の場合に歓迎されるのは、出版物だ。あらかじめリクエストを聞いておくとよい。週刊誌のような簡単なものでも、意外に喜ばれる。これだけで失礼と思ったら、食べ物がよい。うなぎの真空パックなど、海外で手に入らない食品は喜ばれる。相手が外国人の場合によく使われるのは、風呂敷《ふろしき》である。軽いし、かさばらないので、便利だ。使い方を説明して、「日本にはこんな便利なものがある」と自慢したらどうだろう。「すいか結び」などを披露すれば、驚くに違いない（最近では、日本人でも驚くが）。日本の記念切手のセットも、面白いかもしれない（空港内の郵便局で売っている）。

ブランドショップの無礼

海外で日本人旅行客が買いたがるのが、スカーフや革製品などのブランド品である。日本で出版されているガイドブックは、かなりのページをブランドショップの紹介にあてている。日本航空が作っているガイドブックなどは、ほとんどショッピングガイドといってもよい内容であり、日本人海外旅行客の特性を見事に把握している。ミシュランの青本など海外のガイドブックが、美術館や庭園の説明に多くのページを割いているのと対照的だ。

もっとも、私がここで問題としたいのは、日本人旅行者がブランド品に群がることそれ自体ではない。むしろ、ブランドショップにおける店員の無礼さである。日本人というだけで明らかに蔑《さげす》み、馬鹿《ばか》にした態度をとるので、非常に腹が立つ。パリやミラノなどの有名ブランド店に入ったら、確実に不愉快な思いをする。最も不愉快なのは、日本人店員だ。日本人に対する態度が、現地人の店員より悪い。店の具体名をあげて不買運動を起こしたらどうかと思うことさえある。

ところで、こうなるのは、日本人客の側にも大きな責任がある。押し黙ったままで、店員とコミュニケーションを行なわないからだ。話し掛けられても、無視して反応しない。これは、明らかに現地のルールに反する。店員が日本人に不快な印象をもつのも、止《や》むをえまい。

店に入るときに"Hello."といい、(買わないで)出る時には"Thank you."というのが、ルールである。そして話し掛けられたが一人で見ていたい時には"Just looking."といった対応をしてほしい。現地語でできれば理想的だが、英語でもよい。それどころか、日本語でもよいのだ。笑顔で言えれば、最高である。要は、コミュニケーションを行なおうとする態度を見せることなのである。

ブランドショップに押し寄せる日本人旅行者の大部分は、女性である。一昔前まで、国際社会における日本のイメージを損なっていたのは、猛烈ビジネスマンの働きぶり

レターセット。「差をつける」ための土産物（121ページ参照）。あまりに魅力的なので、あげるのが惜しくなり、しまい込んでしまったもの。

ダリの『バードマン』。1968年の作品。高さ35センチのブロンズ像。紆余曲折の末に買ったしろもの（130ページ参照）。

だった。いま日本の対外イメージを低下させているのは、こうした旅行者だ。いかに多額の予算を使って日本文化を海外に紹介しても、日本人旅行者が現地ルール無視の態度を取り続けるなら、日本のイメージは向上しないだろう。経済摩擦の解消には、日本文化館より日本人女性旅行客の笑顔のほうがずっと大事だと思うのだが、どうだろうか。

町の免税店で買い物をした場合には、免税手続きの書類を貰い、さらに出国時の空港で検印をしてもらう。この手続きはかなり面倒だし、時間をとる(第6章で注意したように、空港で現物を見せる必要がある)。百貨店の免税手続きカウンターでも空港の窓口でも、日本人の長蛇の列ができていることが多い。これを避けるには、空港の免税ショップで買えばよい。ただし、どの程度充実した店があるかが事前に分かりにくいのが問題だ。

空港の免税ショップにも、さまざまな思い出がある。アンカレッジ空港の店は、大拡張の後に飛行機が寄港しなくなった。働いていた戦争花嫁達は、いまどうしているのだろう。モスクワのシェレメティエボ空港には、かつて小さな売店しかなく、怖い顔のおばさんが客をにらんでいた。オリンピックで新しい空港ビルになり、売店も大拡張した。ペレストロイカ時代には西側のクレジットカードが使えるようになり、店員も美人のお嬢さんになった。それもつかの間で、ヨーロッパ便はモスクワに寄港しなくなった。時代の変化は、誠に激しいものだ。

少しマニアックな買い物

以上で述べたのは、主として他人に対する土産物である。これと並んで、自分自身に対する土産物を買うのも、海外旅行の重要な目的だ。

私は、暫く前まで、ニューヨークやロンドンに旅行する際には、書店探索のためにかなりの時間を割いていた。いまでは、インターネット上の書店で簡単に洋書を買えるようになったので、昔ほどの必要性はなくなった。しかし、ぶらぶらと書店を見てまわるのは、依然として楽しい。

古本もインターネットで買うことができる。しかし、オンラインのリストに載っているのは在庫の一部にすぎないから、やはり実際に古書店に行く必要がある。出発前に所在地をインターネットで調べておくとよいだろう。最初に訪れた古書店で、近くの店を教えてもらうという方法もある。ただし、東京神田のように1個所にまとまっていないので、歩き回るのに苦労する。

家具も、欧米で買うと、良いものが手に入る。ロンドンのハロッズ百貨店には、アンティーク風家具のフロアがある。カタログや見本を見て注文し、船便で送ってもらうとよい。

家具のように値のはるものを海外旅行中に買えるようになったのは、クレジットカードが使えるようになったからだ。20年ほど前までだと、海外旅行の買い物は、現金かトラベラーズチェックだったので、こうした買い物は困難だった。「所持現金」という制約がなくなったために、随分便利になった。しかし、半面で恐ろしい事態も発生している。それは、旅行中に美術品やアンティークにも手を出せるようになったことだ。

これらに手を出すと、底無し沼にはまるような事態になりかねない。ガラス器など、非常によいものがある。カメオも、現在生産されているものはデザインがよくないので、アンティークの領域だ。陶磁器に凝りだしたら、本当に底無しだろう。

中国本土では古美術品の輸出が規制されているので、清より古いものはまず入手できない。これらを買うなら、周辺のアジア諸国だ。「裕福な華僑《かきょう》の墓からの出土品」と称するものがある。もっとも、大部分は贋物《にせもの》だろう。

贋物問題は、アンティークや美術品、宝石類では避けられない。そして、鑑識眼を養うのは、容易なことではない。もっとも、自分が楽しむだけなら、信じているだけでよいのだろうと、私は思う。

こうした買い物で重要なのは、値引きの交渉術だ。しかし、日本人は定価販売になれているので、この駆け引きが得意でない。あまり興味を見せすぎると、相手は強気になる。かといって、全く興味がないふりをすると、単なるひやかしと見られて、真面目《まじめ》に対応してもらえない。「言い値の半分から切り出すのがよい」という人もいるし、「暫く交渉した後でいったん打ち切り、店を出るふりをしてから振り返るとよい」との説もある。実際には、場合により千差万別であろう。相手の反応を見ながら対応するしかない。ただし、相手はプロだから、その上を行くのは無理と、最初から諦《あきら》めるほうがよいかもしれない。

値引き交渉には、言葉が不可欠である。大きな店なら英語でよいが、小さな店では現地の言葉が必要になる。ただし、簡単なことなら、身振り手振りだけでの交渉も不可能ではない。値段の交渉は、紙に数字を書いて行なえばよい。

私も、アンティークショップやギャラリは、随分回った。もっとも、どんなに素晴らしいものがあっても、価格が論外なら、気は楽である。パリのルーブルの近くにあるアンティークの店が集まったビルの1階で、エミール・ガレのガラス器に心を惹《ひ》かれた。店のおばさんに値段を聞いたところ、(英語で)「あれはちょっと値がはるわよ」との答え。めげずに聞いたら、40万フラン(約700万円)だった。これなら、自動車を買い換えるほうが先だ。ベバリーヒルズの画商でシャガールの画を見ていたら、店主が出てきて、店の奥にある画を見せてくれた。「これは、他では手に入らない絶品だ」「本当に素晴らしい。でも、これはリトグラフでなく、本物のペインティングだから、非常に高価に違いない」「確かに値段は高いね。Five hundred thousand だ」。私はいまでも、これが5億円なのか5000万円なのか、換算できないでいる。ただ、どちらであっても買う気にはなれないから、同じことだ。

悩みが生じるのは、中古自動車の価格帯のものである。125ページにあるブロンズ像は、この価格帯のものであり、そして紆余曲折《うよきょくせつ》の末に買ったものだ。

最初の出会いは、サンフランシスコのアートギャラリだった。ダリのリトグラフを買って、「ダリを集めている」という話をしたところ、店主がもう1枚のリトグラフを出してきた。さんざん迷ったあげくに、それも買うことにした。「カモ」と見られたか、奥の部屋に案内されて見せられたのが、この『バードマン』である。ライトを当てる方向を変えると、表情が微妙に変化する。「どうです。素晴らしい作品でしょう！　ダリの彫刻というのは、いままで一般には入手できなかったのだが、今度特別に放出されることになったものだ。いま買えば絶対にお買い得」という店主の説明を聞かなくとも、魅力的な作品であることは間違いない。清水の舞台から飛び降りるつもりで、買ってしまうか？　しかし、さすがに三つは買えないので、やめにした。だが、思いが残ってしまった。

それから数年後のこと、ある講演会でイーデス・ハンソンさんと一緒になる機会があった。その時に彼女が話したのは、「日本に来てまもない頃、骨董屋《こっとう》で見つけた象の陶芸品に心を奪われて、当時の全財産をはたいて買ってしまった」という思い出だ。「翌日からの食べ物にも困る状態になったが、心は豊かだった。どうしても欲しいものに出会ったとき、チャンスを逃してはいけない」と、彼女は言った。講演会が終った後、バードマンの話をしたら、彼女は私の心情をよく察してくれた。

それから5、6年して、ベネツィアのアートギャラリで、バードマンとの2度目の出会いが実現した。昔別れた恋人に街角で出くわしたような驚きだったが、この時もすぐには決心できなかった。集中講義で滞在していたミラノにいったん戻り、それだけのためにベネツィアに再び出かけて、買ってきたのである。

ロンドン駐在中の友人と、ドライブ旅行に出かけたことがある。イギリスのガイドブックをみて、目的地をウエールズ地方のカエルナルフォン（Caernarfon）城に選んだ。ところが、道すがら「これは、カエルナルフォンへの正しい道か？（Are we on the right way to Caernarfon?)」と聞いても、誰も知らない。また、どうせウエールズにゆくなら、プリンス・オブ・ウエールズゆかりのカーナボン城も見たいと思ったのだが、こちらは地図をいくら探しても見つからない。

不思議とは思いつつも、カエルナルフォンの町に着き、城の見学を済ませた。ホテルに戻り、ベッドに寝転んで、日本から持ってきたガイドブックを開いた。それを見た私は、あっと叫んでベッドに座り直してしまったのである。

何と、先ほど見た城の写真の下に、「カーナボン城」と書いてあるではないか！　Caernarfon＝カーナボン。ウエールズ語の発音は英語と違うことを、すっかり忘れていたのだ。

翌日、われわれは新たな感慨をもって城に別れを告げた。しかし、この城は、私の心の中では、いまだに半分はカエルナルフォン城である。

いわくつき風景⑧　幻のカエルナルフォン城

第9章　個人旅行での美術館巡り

海外旅行の重要な目的・美術館

美術鑑賞は、本物に接しないと駄目か？　これは、かなり難しい問題である。「コピーでも、よくできていれば、一向に構わない」という立場は、十分ありうる。

実際、われわれが現在見るギリシャ彫刻の殆《ほとん》どは、ローマ時代に作られた「ローマン・レプリカ」という模造品である。しかし、われわれに強い感動を与える作品もある。エール大学の建物やキャンパスは、オックスフォード大学のコピーである。しかし、場所によってはオックスフォードより趣がある。最近、徳島にコピー美術館ができたそうだ（鳴門市の大塚国際美術館）。私はまだ見ていないのだが、精巧なコピーであれば、日本にいたままシスティナ礼拝堂などが見られるわけで、大歓迎だ。最近では、CD－ROMやインターネットでも美術館巡りができる。将来は、ホログラムで立体イメージを再現できるだろう。

それに、「本物とは何か？」という問題もある。システィナ礼拝堂の天井画や壁画は、修復されて驚くほど鮮明な色が現われたが、天井画などは何となく偽物《にせもの》くさくなってしまった。法隆寺も、建築直後は極彩色の建物だったという。もしそれを見たら、われわれは間違いなく拒否反応を示すだろう。

このように、「本物問題」は、それほど簡単ではない。しかしここでは、そうした形而上学的《けいじじょう》問題には立ち入らないこととしよう。実際、現在のコピー技術では、本物と見紛《みまが》うほどの良質のものは作れない。絵画なら写真でもある程度のイメージはつかめるが、彫刻は無理である。また、絵画でも、『最後の審判』のように壁画になっているものは、写真では実感がわかない。ルノワールの絵を見て、色彩が画集にでていたのとあまりに違うので、驚いたことがある。だから、美術鑑賞にはやはり現地に出かけて行く必要がある。食事のためにパリやミラノに出かけるのと同じことだ。

こうしたわけで、美術館巡りは、海外旅行の重要な目的の一つである。それに、美術鑑賞に言葉は必要ない（必要なのは体力だけだ）。また、美術館や博物館の多くは大都市にあるから、全く初めての海外旅行でも、簡単に行けるだろう。

ヨーロッパの主要都市は、美術館だけを目的にして訪れても、十分に価値がある。パリ、ローマ、ロンドン、ニューヨーク、フィレンツェ、ウイーンなどでは、できれば美術館巡りに丸一日をあてたい。それでも、不十分と思うだろう。

ルーブルやオルセーには、日本の美術館なら目玉になる作品がごろごろしている。

教科書に載っていた作品に出会って感激していると、次から次へと有名な作品が現われて、そのうち嫌になる。「少しくらい日本に分けてくれたらよいのに」と、いつも感じる。

ヨーロッパで優れた美術館を作れたのは、歴史の賜物《たまもの》という側面ももちろんある。しかし、歴史のないアメリカにも優れた美術館がある。ロサンゼルスのような新興都市（の近く）にもある（ポール・ゲッティ美術館）。「世界に誇れる大都市」の条件は、「一日中過ごしても時間が足りないと感じる美術館が存在すること」であると、私は思っている。東京も大阪も、残念ながらこの条件を満たしていない。

美術館が建設できるかどうかは、経済力と社会制度による。日本は、バブル期に世界中から美術品を買い漁《あさ》ったが、右の条件を満たす美術館を建設できなかった。経済力はあっても、社会制度がそれを可能としなかったのだ。

「気が向いたら簡単に見られる場所に優れた美術作品があるか否《いな》か」は、国民の美意識に決定的な影響を与えるに違いない。都市景観を決めるのは、そのような美意識だ。何時間も飛行機に乗らないとそうした作品に接することができない日本人が、生活環境を美しいものにしてゆくことができるだろうか？　私は、絶望的な気分にならざるをえない。

ところで、美術館巡りは、個人旅行だからこそ、自由気ままにできる。これは、第1章で強調したことだ。団体の一員では、好きな作品に出会っても、立ち止まれない。せき立てられては、フラストレーションが増すだけだろう。

1964年に、『ミロのビーナス』が日本にきた。何時間も行列したあげく、やっと館内に入ったものの、人波に押し流されて、数秒間見ただけだった。25年前に初めてルーブルを訪れたとき、何時間でも見ていられることに感激した。しかし、それができるのも、個人旅行だからである。

美術館巡りのノウハウ

美術館巡りのノウハウとして重要なことを、いくつか述べよう。

（1）事前に開館時間を調べておくこと。とくにイタリアは要注意だ。開館日なのに、午前中しか開いていなかったりする。こうした情報はガイドブックにも出ているが、最新情報を得るには、インターネットがよい。

（2）バチカンやウフィツィなど、切符を買うだけのために数時間行列しなくてはならないことがあるので、旅程との関係に注意する必要がある。フィレンツェなどでは、見る場所が多いので、時間配分に苦労する。

有名な美術館は、混んでいない時刻を見計らって行くのがよい。一番よいのは、美術館のある町に泊って、開館時刻前に行列に並ぶことだ。例えば、フィレンツェなら、朝一番でウフィツィに並ぶ。他のところは、後回しにするのがよい。この順序を間違えてはならない。食事などは、いつでもできる。

(3)目的の作品がある部屋の位置をあらかじめ調べておくこと。ルーブルやニューヨーク・メトロポリタンなどは複雑な部屋配置になっているので、事前に調べておいても、分からなくなったり、見逃したりすることがある。

ガイドブックで調べるのがよいが、時々配置が変わったりする。これも、インターネットなら最新の情報が得られる。このように、インターネットは、美術館巡りで大きな威力を発揮する。

(4)すべてを見ようとせずに、対象を絞ること。「短時間ずつ何もかも」では、印象が薄れる。ウフィツィ美術館に行ったからといって、どうしても『春』と『ビーナスの誕生』を見なければならないということはないのだ。それらは見過ごして、ダ・ヴィンチの『受胎告知』だけに1時間を費やす、ということもできるし、そのほうがずっと印象に残る(もちろん、これは少し暴論だが……)。「海外旅行

ルーブル美術館の入り口ホール。
ピラミッドの下の位置になる。

ロンドンのテイト・ギャラリー。
ターナーのコレクションがある。

をするのは思い出を作るため」という基本原則を思いだそう。

ミシュランのガイドブック（青本）は、美術館内部の評点をしている。例えば、ウフィツィだと、やはり「ボッティチェリの間」が三つ星だ。これを参考にしてもよい（実際には、すべてを見たくなるだろうが）。

（5）最初に売店でガイドブックを買うこと。できるだけ詳細なのがよい。重くて持ち歩くのが大変だが、それだけの価値がある。大きな美術館では、日本語のガイドブックがある。それだけ日本人客が多いのだ。ひと昔前には考えられなかったことだ。日本語がおかしい場合が多いが、やはり英語よりはよく分かる。

一般に、美術作品は背景の理解が重要だ。とくに、キリスト教芸術は、聖書の物語を知らないと、よく分からない。例えば、ルーブル美術館の『カナの婚礼』を見ても、「大きな画だなあ」という感想しか持たないだろう。

「団体旅行のグループに紛れ込んで説明を聞く」という手もある。他人のグループに割り込んで歩くのは気がひけると思う人は、有名な作品の前で待ちぶせしていればよい。必ず日本語か英語のグループが来るから、何くわぬ顔で説明に耳を傾ければよいのである。すべての作品に付き合う必要はないという意味でも、合理的な方法だ。

(6)オペラグラスを持参すること。ミラノにあるサンタ・マリーア・デルレ・グラーツィエ修道院の『最後の晩餐《ばんさん》』は、ぼんやりした絵であり、しかも絵に近づけないので、肉眼ではよく分からない(修復後、見やすくなったそうだ)。システィナ礼拝堂のような巨大な空間では、オペラグラスは驚嘆すべき威力を発揮する。

(7)美術館内の施設は、町なかのものより質が高い。とくに、食堂と売店はそうである。トイレに心配することもない。積極的に利用しよう。

博物館の面白さを発見しよう

日本で博物館というと、「退屈なところ」というイメージが強い。だから、美術館には行く人も、博物館にはなかなか行かない。

しかし、日本の博物館が面白くないのは、展示物が貧弱だからである(日本の子供たちが「博物館はつまらないところ」と信じ込んでしまうのは、由々《ゆゆ》しき問題である)。ヨーロッパやアメリカの博物館は、だいぶ違う。

ヨーロッパの博物館が面白い大きな理由は、旧植民地から略奪した膨大な文化遺産があることだ。大英博物館の展示物の大部分は、イギリスのものではなく、旧植民地からの略奪品である（だから、「大英博物館」でなく「エジプト博物館」と改称すべきだと思う）。ルーブルもそうだ。こうしたものは、日本では絶対にみられない。

アメリカの博物館には、略奪品はない。しかし、面白い。ワシントンD.C.のスミソニアンには、飛行機やロケットがある。シカゴにある科学・産業博物館には、Uボートの実物がある。本物の人体の断面もある。このように、略奪品がなくても面白い博物館はできるのだ（Uボートは略奪品でなく戦利品である）。日本も、それを目指すべきだと思う。「ロボット博物館」などが、どうしてないのだろう。

博物館には、さまざまな種類がある。歴史、民俗、科学、自動車、飛行機、鉄道、船、兵器、楽器、人形、地図、等々。自分の興味にぴったりの博物館を見出《みいだ》せれば、非常に面白い。これを調べるためにも、インターネットは強力な道具になる。

ネットでの美術館・博物館巡り

①美術館のインターネット・サイト

☆☆☆　ニューヨーク・メトロポリタン美術館

非常によくできたサイトである。The Collection の項から入る。ただし、混んでいて入れないこともある。ショッピングも楽しい。充実しているし、使いやすい。

☆☆☆　ウフィツィ美術館

非常に使いやすい構成だ。トップページにある The Gallery をクリックすると、地図と部屋別のガイドや画家別のインデックスを選べる。目的の部屋を選んでクリックすると、その部屋に展示してある画が表示される。絵をクリックすると、詳細な説明をみることができる。

☆☆☆　ルーブル美術館

トップページの、Collections の Selected Works をクリックすると、ジャンル別の分類が現われるので、これを出発点として目的の展示を調べる。建物の構造を知るには、トップページの Virtual Tour を選ぶ。なお、日本語版もある。

☆☆☆　プラド美術館

Quick Tours で目的の建物の Visit を選ぶと、展示物のリストが現われる。絵を何度もクリックすると、拡大されて、かなり迫力のあるイメージが得られる。

☆☆　ニューヨーク近代美術館

The Collectionの項を出発点として目的の作品を調べる。分かりやすい構造。デザインもよく、実際にニューヨークの館内にいるかのようだ。

☆☆　シカゴ美術館

センスがよく、コンパクトで分かりやすい。

☆☆　国立アメリカ美術館

ワシントンD.C.にある美術館。若干分かりにくい構成。Collections & Exhibitionsにリストがある。

☆☆　オルセー美術館

若干使いにくい構成。また反応もやや遅い。

☆☆　グッゲンハイム美術館

特徴あるグッゲンハイム美術館の建物をクリックすると、New Yorkという文字が現われる。ExhibitionsかThe Collectionから目的の作品を選ぶ。Museum Storeでオンラインの買い物ができる。

☆☆　テイト・ギャラリー

ロンドンの他に、イギリス各地に分館がある。The Collectionsから芸術家の名前で選ぶのだが、正確なスペルを知らないと選べないので、若干不便。

☆☆　システィナ礼拝堂

『最後の審判』などがある。使いやすい構成。

☆☆　ウイーン美術史美術館

CollectionsのPicture Galleryから選ぶ。

②博物館のインターネット・サイト

☆☆　大英博物館

ロンドンにある博物館。VISIT の項を出発点として目的の展示物を調べる。オンラインショッピングもできる。

☆☆　スミソニアン

ワシントンD.C.にある博物館。飛行機や恐竜などの展示が面白い。

③美術館・博物館へのリンク集

☆☆　世界の博物館リンク集

「バーチャルライブラリー」の中の博物館のセクション。

● ☆☆☆ 非常によくできている。☆☆ かなりよくできている。☆ 部分的には有用な情報がある。

●すべて英語。ただし、ルーブルと大英博物館には、日本語版もある。

●これらのサイトを訪れるのに、いちいちURLを打ち込むのは面倒だ。私のホームページ〈野口悠紀雄 Online〉(http://www.noguchi.co.jp/) の〈「超」旅行法〉のコーナーに、この表に掲げたサイトへのリンクが張ってある。目的の美術館(博物館)名をクリックするだけで快適なインターネット美術館(博物館)巡りをすることができるので、是非利用していただきたい。このため、この表ではURLを表示していない。

いわくつき風景⑨

市街戦の弾痕

ベルリン都心部の博物館が集中している島ムゼーウムスインゼル（Museumsinsel）は、第２次大戦で激烈な市街戦が展開されたところだ。ここにあるペルガモン博物館の入り口の石柱にも、多数の弾痕が残っていた。この写真を撮ったのは、まだ東ドイツが健在だった時代である。

ペルガモン博物館には、トルコやシリアの神殿遺跡をそのまま持ってきて、再現展示してある。「博物館にある遺跡は小さな石ころばかり」と思っていると、度肝を抜かれる。

東ドイツ時代には、ガイドブックも英語の説明もない無愛想な博物館だったが、それでも訪れる価値は十分あった。ただし、観光バスの団体旅行だとこの博物館には寄らないか、寄ってもごく短時間しかみられない。だから個人で東ベルリンに入る必要があり、そのために39ページで述べたように高架電車で壁を越えてフリードリッヒ・シュトラーセ駅で入国したのである。

統一されてから、奇麗なガイドブックもできたし、英語の説明も加えられた。弾痕も、いまでは消されているだろうか？

第10章　劇場巡りから星空観賞まで

ミュージカルやオペラは「本物」を見る必要があるか？

ミュージカル、オペラ、音楽会、芝居、バレエなどは、現地に行って「本物」を見る必要があるか？　これは、前章で述べた美術鑑賞の場合と同じ問題だ。

ミュージカルと芝居については、必要性は明らかだ。ＬＤやＤＶＤ、あるいはビデオでは見られないから、どうしても現地の劇場に行く必要がある。有名になったものは日本公演もあるが、どうもピンとこない。『キャッツ』は、やはりロンドンのニュー・ロンドン・シアターの円形劇場で見たいし、シェイクスピア劇ならストラトフォードで見たい（なお、ストラトフォードは、イギリスのストラトフォード・アポン・エイボンだけではない。アメリカ東海岸のコネチカット州にもストラトフォードという町があり、シェイクスピア劇場がある）。

オペラやバレエは、来日アーチストの日本公演もあるが、べらぼうに高い。また、機会も少ない。だから、外国で見る意味がある（もっとも、これらは、ＬＤやビデオで見られるものもある。日本語の字幕が出るので、外国の劇場で見るよりよく分かる）。

これに対して、音楽の場合は、必要性がさほど自明でない。ＣＤなどで聞くことができるからだ。手軽に鑑賞できるという点では、海外旅行の際にコンサートに出かけるより、遥《はる》かに楽だ。それに、日本での公演もかなりある。来日アーチストも多い。

しかし、そうであっても、外国でないと得られないものがある。それは、チケット入手の苦労から始まり、服装を整えて劇場やコンサートホールに出かけ、開演を待ち……といったプロセスである。ミュージカルやオペラの場合も、これらが思い出の中で重要な役割を果たしている。「海外旅行は思い出を作るための投資」という立場からすると、旅程にミュージカルやコンサートを組み入れるのは、非常に重要で有効ということになる。

思いがけない楽しみに出会うこともある。あるとき、私は夏のウイーンにいた。しかし、ウイーンフィルハーモニーの公演はない。ザルツブルク音楽祭に出かけているのである。神無月に神社に参拝したような気分になっていたところ、ウイーン青年管弦楽団というオーケストラの演奏会があるのを知った。なかなかの名演奏だった。しかも、ウイーンフィルには女性演奏者がいないが、このオーケストラにはいる。美人のビオラ奏者を発見し、演奏ぶりをじっくりと観賞して、幸福な気分になった（私は、音楽会にもオペラグラスを持参しているのである）。

なお、新作映画の場合、日本封切りが遅れる場合がある。『スター・ウォーズ』などは、1年以上も遅れたのである。日本に帰って吹聴《ふいちょう》したい人には、映画も外国で見る価値がある対象だ。飛行機の中で、日本公開前の映画を上映していることも多い。

チケット入手のノウハウ

公演日程に合わせて旅程を組めればよいのだが、そういう恵まれた人は、稀《まれ》だろう。普通は、別の用事のために旅行したついでに行くことになる。だから、すでに決まっている旅行日程の範囲内で見られるものを探す必要がある。

このための情報収集を出発前に行なうのは、数年前までかなり難しかった。しかし、いまでは、インターネットのＷＷＷで詳細な情報をうることができる（１５３ページのリストを参照）。劇場の席の配置図まで分かる場合がある。ＷＷＷを利用できない人は、「ＪＡＬワールドプレイガイド」で調べることができる。

現地に行ってからの情報収集は、簡単である。大都市の場合には、公演のスケジュールを掲載した週刊誌があるので、ニューススタンドなどで買えばよい（ロンドンなら、「Time Out」）。

次の問題はチケットの入手だ。これが最大の難問である。インターネットでの予約が可能な場合もあるが、まだ限定的だ。ニューヨークやロンドンなどの場合、現地にいる日本人の知人にあらかじめ頼むという手もある。しかし、頼まれた人は迷惑だから、なるべく遠慮することにしよう。

現地に行ってからの購入方法として一番簡単なのは、劇場に電話して予約をすることだ。クレジットカードで支払いができる。もっとも、言葉に自信がない人は二の足を踏むかもしれない。そうした場合には、ホテルのコンシェルジュに頼むのがよい(チップを忘れないこと)。もちろん、自分でプレイガイドや劇場のチケット窓口に出かけて買うこともできる。都心部に泊っていて時間に余裕がある場合には、これが一番確実な方法だ(ただし、時間帯によっては、劇場の窓口が開いていないことがある)。

なお、ロンドンには、Half-Price Ticket Booth という窓口があって、通常の半額でチケットが購入できる(Leicester Square, WC2. 電話なし。地下鉄 Leicester Square または Piccadilly Circus 下車。月曜から土曜の 2:30–6:30pm)。英語に自信のある人は、行ってみるとよい。

人気があるミュージカルや音楽会は、なかなかチケットが手に入らない。イギリスのグラインン(ド)ボーンで、モーツァルトのオペラの音楽祭がある。イギリスの友人に相談したところ、「〈日本車1台と交換〉という条件でチケットを求める新聞広告を出したらどうか」といわれた（もちろん、からかわれたのである）。

限られた日程の中でどうしても観《み》たいという場合には、ダフ屋に頼らざるをえまい。正規の料金より高くなるが、「車1台」に比べれば安いものだ。時間ぎりぎりまで粘って値切るのが、コツである。なお、マチネ（昼の部）がある場合は、そちらのほうが取り易《やす》い。

パリのクレイジーホースなどのナイトクラブでは、席が決まっていない。混んでいると、立ち見席になってしまうかもしれない。どうしても良い席を取りたいと思うなら、案内人にチップをはずむとよい。

チケットを入手したあと

チケットが入手できてから後も、いくつかの問題がある。まず、（当然のことながら）劇場に到着しなければならない。しかし、現地に不案内の旅行者は、劇場を発見できない危険がある。劇場街には似た建物が多く、分かりにくいからだ。ロンドンのコベントガーデンのあたりなど、地下鉄で行って歩こうとすると、道に迷って開演時

劇場などのインターネット・サイト

☆☆☆　Time Out

ロンドンを始め、世界主要都市のコンサート情報と劇場の連絡先が載っている。

☆☆　LONDON THEATRE GUIDE-ONLINE

ロンドンにある劇場のガイドブック。座席の配置図もある。

☆☆　ロンドンのロイヤル・オペラ・ハウス

ロイヤル・オペラとロイヤル・バレエのチケットが、オンラインで購入できる（オペラ・ハウスは現在改修中）。

☆　アンドリュー・ロイド・ウエーバのホームページ

『オペラ座の怪人』、『キャッツ』、『エヴィータ』など、ミュージカルの巨匠アンドリュー・ロイド・ウエーバの作品に関する世界主要都市の劇場情報が得られる。

☆☆　JAL ワールドプレイガイド

ニューヨークとロンドンのミュージカル情報がある。チケット予約は、電話またはファクスで行なう。申込みは、Tel. 03-3573-6715。

● ☆☆☆ 非常によくできている。☆☆ かなりよくできている。☆ 部分的には有用な情報がある。

●私のホームページ〈野口悠紀雄 Online〉（http://www.noguchi.co.jp/）の〈「超」旅行法〉のコーナーに、この表に掲げたサイトへのリンクが張ってある。このため、この表ではURLを表示していない。

間に間に合わないことがある。だから、劇場の正確な住所と詳しい市街地図が必要だ。インターネットに劇場の建物の写真が載っている場合には、それを参考にする。

地理に自信がない人は、近距離でもタクシーに乗るのがよい。とくにロンドンでは、絶対確実に目的の劇場まで連れていってくれる(第5章で書いたように、ロンドンのタクシーは、情報産業なのである)。もっとも、問題がないわけではない。劇場名や住所を正確に発音できない怖《おそ》れがあるからだ(アクセントを間違えると、まず駄目である)。うまく伝わらない場合には、ショウの名前をいえばよい。このほうが、運転手の理解が早い。

もう一つの問題は、夕食である。ヨーロッパでは、普通のレストランは7時過ぎにならないと開かない。したがって、マチネは別として、通常の公演は夕食の時間にぶつかる。では、どうするか?

ロンドンのコベントガーデンなどの劇場街には、開演に間に合うよう6時頃から食べられる「プレ・シアター・メニュー」を提供するレストランがある。また、夜遅くまで営業しているレストランがあるので、公演終了後に食べることもできる。ただし、この場合には、必ず予約しておくこと。もっとも、ニューヨークのソーホーあたりは、もともと深夜まで営業している店が多いので、問題ない。

大きな劇場では、幕間《まくあい》に簡単な食事ができるところがあり、最近はメニューも豊富になってきた。ロンドンのロイヤル・オペラ・ハウスでは、シャンパンとキャビアとスモークトサーモンを予約しておくと、小さなテーブルに名札をたててセッティングしてくれる。ミュージカルでは、幕間に必ずアイスクリーム売りがくる（もっとも、腹の足しにはならないが）。

公園、庭園、町並みなどを見る

ヨーロッパの町には、かなりの規模の公園があり、市民の憩《いこ》いの場になっている。用事や買い物の合間に訪れると、その町の住人の気分が味わえるだろう。

もっと大きな公園もある。ベルリンには、都心に「ティアガルテン」という巨大な公園がある。パリの「ブローニュの森」も広大だ。これは、地下鉄で簡単に行ける。大きな木が多く、森に迷い込んだ気持ちになる。大都市にいることを忘れるだろう。日本人観光客の姿は、まず見掛けない。シャンゼリゼなどを歩くより遥かに気持ちがよいのだが、なぜ来ないのだろう。旅程に余裕がないため買い物や名所見物を優先するのだろうが、その場合にも早朝に散歩したらよいのにと思う（ただし、あまりに広大なので、迷子になる危険がある。詳しい地図を手にいれるか、あるいは道をメモしながら歩くことにしよう)。

イギリス南部にストウヘッドという有名な庭園がある。イタリア北部のコモ湖畔には、ビラ・カルロッタという庭園がある。一般に、有名な庭園は大都市から離れたところにあるので、訪れるのが面倒だ。しかし、十分に価値がある。

ヨーロッパの地方都市には、町並みそのものが芸術作品のようなところが多い。ドレスデンは、その典型である。第2次大戦の連合軍の爆撃で完全に破壊されたが、元どおりの姿に復元された。高い建物や教会の尖塔《せんとう》などが、近くの建物の間に見え隠れする。歩くと、その組み合わせが微妙に変化する。ソナタ形式の音楽に見られる構造美は、こうした街を歩いている人の頭から生まれたのではないかという気もする。

リューベックやローテンブルクも美しい。イタリアの中世の町も、イギリスの田舎町も素晴らしい。ベネツィアやブルージュなどの運河の町には、特別の趣がある。

ミシュランの青本には、歩く経路が描かれている町並みがある。直線なら10メートル程度の2点間を、わざわざ遠回りして歩くように指定してあったりする。実際にそのとおりに歩くと、直線に歩いては見られない景観がある。「このような情報を提供してこそ、ガイドブックだ」と感心する。パリの裏町を歩いていると、ミシュランの

オックスフォード大学（右）とハーバード大学（中）。どちらも石造りの堂々たる建物だ。日本人には「赤煉瓦の建物は重厚だ」という人が多いが、red brick universityというのは「二流大学」という意味である。

エルベ川に沿ったドレスデンの美しい街並みは、「北のフィレンツェ」とか「エルベのアテネ」と呼ばれる。

同じページを見ながら歩いている旅行者に出会って、お互いに苦笑することがある。

時間があったら、大学のキャンパスを訪れてみよう。例えば、ボストンに用事があったら、チャールズ・リバーを渡ってケンブリッジに行き、ハーバード大学やMITを訪れてみよう。イギリスの桂冠《けいかん》詩人ジョン・メイスフィールドは、イギリスの大学をたたえる詩で、「この地上に大学ほど美しい場所はない」"There are few earthly things more beautiful than a university."と書いた。イギリスやアメリカの主要大学のキャンパスを歩いていると、この詩が真実であることを痛感する(不思議なことに、ヨーロッパ大陸には印象に残る大学キャンパスが少ない)。

ただし、欧米の大学は、大都市から離れた場所にあることが多い。これらを訪れるには、1日の予定が必要だ。ロンドンからオックスフォードやケンブリッジに、ストックホルムからウプサラに行ってみるとよい。ニューヨークならエール大学やプリンストン大学、サンフランシスコならスタンフォード大学やカリフォルニア大学バークレイ校だ。近くの喫茶店や店も面白い。個性的な土産品を探すなら、こうした町に出かけるのが一番よい。

小説や映画の舞台になった場所に行っても、あまり面白くないことが多い。訪れても主人公はいないのだから、当然である。ただし、地理を理解すると、作品が面白くなる。例えば、シャーロック・ホームズを理解するには、ロンドンの地理に関する知識が不可欠である。

もっとも、現実の場所を知ると興ざめの場合もある。例えば、ヒッチコック監督の映画『鳥』の舞台になったカリフォルニアのボデガ・ベイは、実際には不気味な感じなど全くない明るい海浜のリゾート地だ。不思議に思ってレストランのウエイトレスに尋ねたら、映画の町は、ボデガ・ベイと内陸の町ボデガを合成して作った架空の町なのだそうである。

最後に星空観賞について述べよう。「光害」で汚染された日本を離れて外国の砂漠や島に行けば、星がよく見えるような気がする。しかし、実際には、ホテルの照明などに邪魔されることが多い。星を目的に、オーストラリア大陸の中央部、砂漠の真っ只中《ただなか》のエアーズロックという場所に出かけたことがある。しかし、期待に反して、ホテルの照明から逃れるのに大変な苦労をした（敷地の外に出ると、ヘビが怖い）。

星を見るには、砂漠というような「マクロ的条件」の他に、ホテルの屋外照明がどうなっているかという「ミクロ的条件」も重要なのである。この両者を満たす最高の場所は、私が知る限りでは、ハワイのラナイ島である。

いわくつき風景⑩

ボローニャの虚栄の塔

イタリアの町には、昔、貴族が建てた塔がある。互いに権勢を争って、高さを競った。ケインズ経済学が登場する遥か以前に、「無用の建築工事を行なう」という先見性をもっていたのだ。

ボローニャにも、そのような塔が二つある。高さに気を取られて基礎工事を怠ったため、写真の左側にある塔は工事途中で傾いてしまい、放棄された。

ボローニャは、「赤い街」と呼ばれる。家の屋根が赤いからでなく、世界最初の共産党政権が成立した街だからだ。ボローニャ大学は、世界最古の大学といわれる。

特別篇　ブルージュ・ヴァーチャル・ツア

「ヴァーチャル・ツアー」は、私が提案する究極の海外旅行である。海外の未知の街を対象として、地図や写真を手がかりに、街の構造を頭の中に組み立てる。想像の世界の繁華街や裏通りを歩き、建物をさまざまな方角から眺める。時間をかけていくつもの資料を見てゆくと、最初はぼんやりとしか思い浮かべられなかった街の姿が、頭の中で次第にはっきりとした形を取り、息づいてくるだろう。

そのうちに、これは実際の旅よりも楽しいことが分かるだろう。ヴァーチャル・ツアは、現実の旅行の代替物ではない。いくら時間を掛けてもつきることのない、究極の楽しみとなりうるのだ。

苦労して外国に出かける価値があるか？

第12章で述べるように、海外旅行にトラブルはつきものである。パスポートや航空券をなくしたり、飛行機や列車に乗り遅れたりしたら、かなり厄介な事態になる。トラブルがなくても、外国旅行は面倒だ。出発直前になって喉《のど》が痛くなり、風邪をひいているのではないかと心配になる。腹が妙に痛み、旅行中に盲腸になったらどうしようと、気が気でない。

外国旅行は、苦難に満ちたものである。こんな苦労をしてまで、行く価値があるものだろうか？　それに加えて、かなりの出費も必要だ。

私は、毎回、出発直前になると、行きたくなくなる。「もしも旅行をキャンセルできて、この期間どこかに籠《こも》っていられるのだったら、どんなに楽しいだろうに」と切実に思う。

ただし、不思議なことに、旅行の計画は楽しい。これは、第2章で述べたことだ。地図やガイドブックを広げ、あるいはインターネットのサイトを探し、見知らぬ土地を想像して、思いを馳《は》せるのは、実に楽しい。

「実際の旅行は苦難である。しかし、想像を膨らませるのは楽しい」。そうであるならば、楽しい部分だけをやればよいではないか！　つまり、空想の旅を行なえばよいのである。これは、実に単純な結論だ。

海外旅行が楽しいというのは、ひょっとすると、旅行業者と航空会社の陰謀によって作られた幻想なのではあるまいか？　それは言いすぎだとしても、誰もが行くから楽しいものだと、錯覚しているだけではあるまいか？

私は、旅行業者でもないし、航空会社の回し者でもない。また、ガイドブックの著者でもない。だから、この点に関しては、客観的、中立的な見方ができるのである。

ヴァーチャル・ツア

「空想の旅」をいま少し具体的な形にしたのが、これから提案する「ヴァーチャル・ツア」である。

必要なものは、地図と写真だけである。ただし、どちらもできるだけ沢山欲しい。あとで述べるように、最近では、インターネットで多数の写真が見られるようになったので、「ヴァーチャル・ツア」に強力な道具が付け加わったことになる。

実は、もう一つ必要なものがある。それは、想像力と好奇心だ。これが、一番重要である。ヴァーチャル・ツアを面白いと感じるか否《いな》かは、ひとえに想像力と好奇心の問題なのである。

ところで、「ヴァーチャル」という言葉は、virtually（事実上）という副詞での用法から明らかなように、「現実にはない仮想のもの」というニュアンスよりは、「実質的には存在している」というニュアンスのほうが強い。つまり、「物理的な実体はないけれども、現実のもののようだ」という意味なのである。これから述べる方法にしたがってヴァーチャル・ツアを行なうと、これが正しいことを実感できるだろう。

ヴァーチャル・ツアは、「実際に海外に行けないから、その代わりにやる」ものでは決してない。「お手軽経験」でもない。実際に現地に行くより、遥《はる》かに楽しい経験なのだ。なぜ楽しいかはゆっくり述べることにして、まずは具体的な方法論を説明することとしよう。

最初に、候補地を選ぶ必要がある。山や海のような自然の景観よりも、さまざまな建築物がコンパクトにまとまった都市のほうがよい。ただし、写真が数枚しかないようなところは駄目である。地図もできれば複数欲しい。その他の資料も多ければ多いほどよい。

私が25年ほど前に最初にヴァーチャル・ツアを行なったときに選んだのは、パリであった。これは、適切な対象地であった。なぜなら、写真が極めて多数あるからだ。そのうえ、パリを舞台にした映画もある。想像を膨らませるための材料は、世界でもっとも豊富に存在する場所だろう。

ただし、難点もある。パリは、少し広すぎるのである。全体を完全に把握するには、かなりの時間を要する。もっと短時間で行なうには、有名な街であって、しかもあまり広くないところがよい。この条件を満たすのは、オックスフォードのような大学街や、フィレンツェやベネツィアのような観光都市だ。

ここでは、ベルギーの古都ブルージュを取り上げることにした。

ヴァーチャル・ツアの三つの方法

「写真と地図で外国の街を見るだけなら、これまでも何度もやった」という人が多いだろう。しかし、漫然と見ている場合が多かったのではないだろうか？

例えば、街の写真を見ていても、それが街の中のどの地点であり、どちらを向いた写真かなどは、あまり気にしていなかったのではなかろうか（そもそも、写真の説明に、それらが明示されていない場合が多い)。また、複数の写真をみても、それらの間の相互関係には注意していない。

ヴァーチャル・ツアでは、これらをもっと系統的に行なう。そして、頭の中に街を組み立ててゆくのである。そのため、主要な通りや建物の名は、覚える必要がある。

もう少し具体的に述べよう。私が提案するヴァーチャル・ツアは、つぎの三つの方法で行なう。

(1) 犬の目法

まず最初に、地図と写真集を照合して、その街を歩いてみる。犬が道を歩く視点で、街を見るわけだ。暫《しばら》く歩き回ってみると、街のイメージが次第につかめてくる。

(2) 鳥の目法

ある程度のイメージがつかめたところで、教会の尖塔《せんとう》や鐘楼などの高い場所からの写真を用いて、街を鳥瞰《ちょうかん》する。航空写真がある街もある。ヨーロッパ(とくにドイツ)には、鳥瞰図の都市図がある街が多い(巻末で紹介しているボルマン社の地図など)。これは実に強力な武器になる。

犬の目とは違うアングルなので、面白い。これによって、都市の把握が、1次元

（線的な理解）から2次元（平面的な理解）に広がる。

（3）ランドマーク法

ヨーロッパの街には、教会の尖塔や鐘楼などのランドマーク（目じるし）が多い。対象の街にある程度詳しくなったところで、写真と地図を丹念に見て、ランドマークとの位置関係を確かめる。

「このアングルからだと、遠景のランドマークと重なってみえるこの建物は、これこれのはず」といった推論ができるようになる。その仮説をさらに別の写真で確かめてみる。これによって、都市を3次元的に（立体的に）理解できる。

中世の街ブルージュ

ブルージュは、ブリュッセルの西約１００キロ、特急列車で1時間ほどのところにある。11世紀から15世紀にかけて栄えたハンザ都市だ。運河が張り巡らされ、沢山の橋がかかっている。実は、ブルージュとは「橋」の意味である。

15世紀になって、運河が土の沈殿で浅くなり、船の航行ができなくなってしまった。このため、貿易港としての機能を失い、衰退した。しかし、そのために中世の美しい街並みがそのままの形で残ることになった。ブルージュは、ヨーロッパで最も美しい街の一つといわれる。現在では、ベルギー第一の観光都市として、世界中から観光客を集めている。

ここは、ローデンバックのいささか憂鬱《ゆううつ》な小説『死都ブリュージュ』（窪田《くぼた》般彌《はんや》訳、岩波文庫）の舞台でもある。ミシュランのガイドブックは、「ブルージュを訪れるなら、観光客があふれるシーズンを避けて、雪に閉ざされた頃の月夜にせよ」と言っている。それによって、「死都」の雰囲気を実感できるというのだが……。なお、ここに示す写真は、私が１９９８年の11月初めに３日間滞在して撮影したものである。

まず、１７１ページの地図を見て、街のお

およその構造を頭に入れていただきたい。

街の中央にマルクト広場がある。広場の南側に、鐘楼ベルフォルト（ベフロワ）がある。広場から南西の方角に聖サルバトール教会があり、南の方向には聖母教会がある。この三つの建物が、街のどこからでも目に付く「ランドマーク」だ。

この地図に描かれている範囲は、東西およそ1キロ。歩いて15分ほどで通り抜けられる。鉄道の駅は、この地図より少し外側にある。

（なお、ベルギーでは複数の言語が使われているため、通りの名前などの読み方が一義的でない。街の名自体が、ブリュッヘやブルッへと呼ばれることもある）

「犬の目法」で、ブルージュを歩く

まず、犬の目法でブルージュを歩いてみよう。
（1）ダイフェル通り
私が泊ったホテル・ド・タイラリーエン（写真1）は、運河の南岸のダイフェル通り（ディバー通り）に面している。ホテルの正面玄関を出ると、目の前に運河がある。運河の向かい側には大きな樹木と建物がある（写真2）。

Bruges map 1

マルクト広場
Markt
ブルグ
広場
Burg
鐘楼
Belfort
ステーン通り
Steenstr.
ダイフェル通り
Dijver
聖サルバトール教会
St.Salvators Kathedraal
聖母教会
O.L.Vrouwekerk
ベギン会修道院
Begijnhof
ミンネ湖
Minnewater
1
2
3
4
5
6
7
8
9
10
11
12
13
14
15
16
17
18
19
20
21
0
100m
N

橋に向かって歩いてみよう（写真3）。橋の下に遊覧船の発着所がある。橋の上からダイフェル通りを振り返ると、先ほど見たホテルと向かいの建物が見える（写真4）。木に隠れてしまっているが、遠くに聖母教会が見える。

ダイフェル通りを西に向かって歩くと、聖母教会が近づいてくる（写真5）。写真6は、東を向いたところ。写真5の右側に写っている白い建物が左側に見える。右にはホテルが見える。週末には運河沿いの広場で骨董《こっとう》市が開かれて賑《にぎ》やかになるのだが、この写真の風景は、ひと気がなくて寂しい。まさに「死都ブリュージュ」だ。

（2）マルクト広場

もう一度橋に戻ろう（写真3）。このあたりは、賑やかなところだ。土産物屋などもある。マルクト広場に向かう狭い道は商店街で、ブルージュ名物のレース編みの店（写真7）や菓子屋などが並んでいる。店の向こうに鐘楼が見える。

通り抜けると、マルクト広場に出る。ここは、観光客で賑わっている。広場の南には、高い鐘楼ベルフォルトがある（写真8）。ここには、あとで登ることにしよう（眺望の写真は、184～185ページで示す）。マルクト広場の北と西は、レストランやカフェーが連なっている（写真10）。歩くのに疲れたら、カフェーでコーヒーでも飲むことにしよう（写真9）。パラソルの向こうに、鐘楼が見える。

1
hotel

2

3

4

5

Virtual Tour in Bruges
Dog's Eye View

8

7

9

広場の東側には、中央郵便局と州政府庁舎がある（写真10の右端と写真8の左端に見える）。その裏側は、ブルグ広場（ブルフ広場）になっている。写真11、12、13は、同じ方向に歩いて建物に近づいたところ。この広場にも、観光客が大勢いる。

もう一度マルクト広場に戻ろう。西に向けて、賑やかなステーン通りがあり、聖サルバトール教会のあたりまで商店が連なっている（写真14）。ここがブルージュの繁華街だ。細い裏通りに、洒落《しやれ》たレストランを見つけた（写真15、16）。ここで昼食にしよう。

（3）運河を東に

もう一度橋に戻り、今度は、東に向かって歩いてみよう。途中に魚市場がある（写真17）。

運河に沿った道は、あまり人通りもなく、静かだ。雨があがって、夕日がさしてきた（写真18、19）。写真20には、写真19に写っている白い円筒形の建物が見える。遠くに鐘楼が見える。運河には、観光客を一杯乗せた遊覧船。

5分くらい歩くと、運河がT字路になっているところに行き当たる。この辺りは、なかなか風情《ふぜい》がある（写真21）。

（4）街の北と南へ

15
DE STOVE

11

12

16

13

17

14

18

20

21

19

街の北側に出てみよう（ここからは１８１ページの地図2を参照）。このあたりは、観光客も来ない静かな住宅地だ（写真22、23）。運河沿いの木が、とても美しい（写真24）。

街の南端に行くと、ミンネ湖という美しい場所がある（写真25）。中世には内港として使われたところだ。ここには、大勢の観光客が訪れている。馬車ツアの出発点にもなっている（写真26）。馬車は、こことマルクト広場を往復しているのである。湖にはたくさんの白鳥がいる。

橋を渡ると、ベギン会修道院の入り口がある（写真26、27、28）。ここは、13世紀に創立されたベネディクト派の修道院で、オードリー・ヘップバーン主演の映画『尼《に》僧《そう》物語』の舞台だ（写真29）。楡《にれ》の木立がある庭は、とても静かだ（写真30）。北を向くと、聖サルバトール教会の塔が見える（写真31）。

ボートツアは、街の中心にある橋の側《そば》で乗る（写真32、写真３で見たのとは別の乗り場）。まず東に向かい、地点Dを通って街の北側のEまでいってから戻る。そして、南下してFまで行く（写真28）。

23

22

24

Bruges map 2
Ezelstr.
St.-Jakobsstr.
E
D
マルクト広場
Markt
ブルグ
広場
Burg
A
C
B
鐘楼
Belfort
33
34
35
36
37
32
Nordzandstr.
ステーン通り
Steenstr.
ダイフェル通り
Dijver
聖サルバトール教会
St.Salvator
Memling
Museum
聖母教会
O.L.Vrouwekerk
ベギン会修道院
Begijnhof
24
23
22
29
30
26
28
27
31
F
Katelijnestr.
25
ミンネ湖
Minnewater
0
100m
N

25

26

27

28

29

30

31

32

「鳥の目法」で、ブルージュを鳥瞰する

マルクト広場に戻って、鐘楼に登ってみよう。エレベーターはないので、366段の狭い螺旋《らせん》階段を徒歩で登るしかない。かなり疲れる。途中で何度か休みながら登ることにしよう。

頂上まで登ると、360度の眺望が一挙にひらける。ここは、地上80メートルだ。まず、北を向くと、マルクト広場がすぐ下に見える（写真33）。これは、写真10で示した場所だ。赤壁の建物がみえる。比べてみると、面白い。

東側には、ブルグ広場がある（写真34）。写真11の場所だ。この写真の右に、ボートの出発点がある。南を向いてここを正面に見たのが、写真35だ。右側に見える道が、写真7の道であり、その先の横断歩道の場所が、写真3で示した橋だ。

橋を渡って右に曲がると、ダイフェル通りである（写真37）。ホテルは、この写真の左にある黄色い建物だ。この写真は、写真4を上から見た風景になっている。右には、聖母教会がある。この写真の中央、地平線近くに水が光っているのが見えるのがミンネ湖で、その手前に広がっている白い建物がベギン会修道院である。

Virtual Tour in Bruges

Bird's Eye View

36

37

写真36は、もう少し右（西）を向いたところで、この街のランドマークである聖母教会（左）と聖サルバトール教会（右）が写っている。この写真の右に聖サルバトール教会に向かって伸びているのが、写真14のステーン通りだ。

「ランドマーク法」で、イメージを組み立てる

こうして、ブルージュの街の構造が、頭の中にかなりはっきり組み立てられたと思う。この段階までくると、写真の細部を調べるのが、非常に面白くなる。写っているメインの対象だけでなく、遠景に写っているものや、端に写っているものにも、多大の興味が出てくる。とくに、ランドマークを見ると、位置関係が明確に分かるので、面白い。

例えば、写真25の左には聖母教会が見える。写真37を参照すれば、これらの位置関係がどうなっているかを空から確かめられる。それを、地図でも確かめてみよう。写真31を見ると、ベギン会修道院と聖サルバトール教会の位置関係が分かる。また、写真32に写っている鐘楼を見れば、ボートの乗り場の位置がはっきり分かる。この写真は、写真35を逆側から見たことになっているのである。

18の写真の左側には、聖サルバトール教会が見える。14でステーン通りと聖サルバトール教会の位置関係が分かる。20には鐘楼が見えるし、5には聖母教会が写っている。

これらの位置関係を地図で確かめてみると、非常に面白い。例えば、18の写真では、地図2の建物Aと橋Bが見え、遠景に聖サルバトール教会が見える。したがって、これらを直線で結べば、撮影地点はCであるに違いないと推察できるのである。

多数の写真があると、断片的な知識がこのようにして徐々につなぎ合わされ、頭の中に都市の全体像が徐々に浮かび上がってくる。この過程は、実に楽しい。「こちらの方向からとった写真はないか」と、さらに写真がほしくなるだろう。また、地図も、詳しいものがほしくなる。

そしてある時、街の全体像が一挙に浮かび上がる。この楽しさは、ジグソーパズルやクロスワードパズルが完成したときのそれと同じである。あるいは、推理小説を読む楽しさであり、暗号を解読する楽しさだ。こうした過程を楽しいと思うのは、多分人間の本能なのだろう。ここにはまりこむと、抜け出せなくなる。

インターネットのヴァーチャル・ツア

いったんヴァーチャル・ツアの面白さが分かると、何枚でも写真が欲しくなるだろう。実は、ブルージュで撮ってきた写真は600枚位あるのだが、残念ながら本書で紹介できる枚数には限度がある。私のホームページにはこれらの写真を収録してあるので、ご覧いただきたい。また、小説『死都ブリュージュ』には、20世紀初めのブルージュの写真が載っているので、それを参照するのも面白いだろう（街の様子はいまとあまり変わらない）。

インターネットにはブルージュのサイトがいくつかあり、多くの写真がある。とくによくできているのが、ブルージュ・オフィシャルサイト（http://www.brugge.be/）だ（ここには、日本語版も用意されている。ただし、残念ながら不完全である）。

世界中のさまざまなインターネット・サイトで、「ヴァーチャル・ツア」というプログラムが作られている。

例えば、スタンフォード大学の「ピクチャーツアー」は、2000枚にものぼる写真でキャンパスを案内している。「少し前に進む」、「右を向く」などといったこともできる。スタンフォードのキャンパスはひろびろとして美しい。カリフォルニアの芳《かぐわ》しい空気が感じられるような気持ちになってくる。NASAには、火星へのヴァーチャル旅行がある。

行っていない人のほうが詳しい

ヴァーチャル・ツアは、正確にいうと、私が発明したものではない。昔、雑誌の記事を見て、啓発されたのである。そこに出ていたのは、次のような話であった。

退職したフランス語の先生がいた。パリから帰った人が話をしにゆくと、「あの街角にはこういうカフェーがあった」とか、「あの路地裏にはこういう店があったがまだ残っているか」という話になる。あまりに詳しく正確な知識なので、「先生はずいぶん長くパリに住んでいたのですね」と聞くと、一度も行ったことがないという。すべては、ヴァーチャル・ツアで得た知識だったのだ。これは面白いと思った私は、早速同じことを始めてみた。もう25年も前のことである。そのとき、パリは私にとって未知の場所だった。

この作業は、暫《しばら》くの間、つきることのない楽しみを与えてくれた。これに区切りがついたのは、実際にパリに行く機会が訪れてしまったときだ。ヴァーチャル・ツアーの楽しさは、実際の街を見てしまうと、半減する。だから、ヴァーチャル・ツアーを楽しむためには、意識的にその場所には行かないようにする必要がある。実際に行くよりヴァーチャル・ツアーのほうが楽しいと悟ると、その場所は聖地になり、行くことがためらわれるようになるだろう。

ブルージュのヴァーチャル・ツアーを卒業したら、別の目的地を選んで、あなた自身のヴァーチャル・ツアーに出発してみてはどうだろう。

ヴァーチャル・ツアではできないこと

ヴァーチャル・ツアで最も重要なのは、「実際に行かなければ外国の街を知ることにならない」という固定観念から抜け出すことだ。実際に行っても、よく見ていないことが多いのである。建物の名前はおろか、通りの名前さえ覚えていない。ヴァーチャル・ツアのほうが、遥かに密度の高い旅行である。

もちろん、ヴァーチャル・ツアでは、できないこともある。

本場の料理を味わうこと、ミュージカルやコンサートを楽しむこと、美術館や博物館を歩き回り、日本では見られないものを見ることだ。あるいは、骨董品《こっとうひん》や美術品や家具を買ったり、何もさえぎるものがない大平原を思うままにドライブすることだ。南半球に行けば、南十字星やマゼラン星雲など、日本から見るのは非常に困難な天体を見ることができる。

そして、多分もっとも重要なのは、第1章で述べたように、日常生活を強制的に中断することによって、生きることの意味を考え直すことだ。

これらこそが、苦難を堪え忍び、多額の費用をかけ、そして貴重な時間を費やして海外に行くことの意味なのである。

第11章　サバイバル外国語のノウハウ

世界語たる英語に力を注ぐ

海外旅行において言葉が重要であることは、改めていうまでもない。団体パック旅行に甘んじるか個人旅行を楽しめるかは、コミュニケーション能力にかかっている。買い物でも言葉が重要だ。美術品や骨董品《こっとうひん》の買い物には、どうしても会話が必要である。会話が巧みなら、価格の交渉もうまく進められるだろう。これは、言語能力が経済的な価値をもっていることの明白な例だ。

まず強調したいのは、英語の圧倒的な重要性である。世界中の殆《ほとん》どの国において、空港や一流のホテルでは、英語が通じる。主要な鉄道駅や店舗でも、そうだ。北欧諸国やベルギー、オランダなどの小国では、どこでも完全に英語が通じる。第7章で述べたように、パリの高級レストランでさえ、英語が通じるようになった。つたないフランス語で注文をしたら、英語の答えが返ってきたことがある（もっとも、現地駐在の日本人に招待された場合、招待者はあなたの前でフランス語を披露したいと思っているだろう。そうした場合、あなたが英語でギャルソンに話し掛けるのは、慎むべきだ）。アジアでも、中国と韓国を除けば、かなりの程度は英語で用が済む。だから、各国語を不完全に習得するよりは、英語のコミュニケーション能力を向上させることに集中すべきだ。そのほうが、ずっと実用的である。

ここで、私が見出《みいだ》した重要なノウハウを述べよう。あなたが、英語には自信があるが、それ以外の言語に自信がない場合、その国の言葉で「英語が話せるか？」と聞いては駄目である。例えば、ドイツの田舎町で“Sprechen Sie Englisch?”と聞けば、“Nein.”という返事が冷たく返ってくる可能性が強い（フランスとは逆に、ドイツでは英語が通じにくくなってきている。ドイツ大国化の影響であろう）。英語で堂々と“Do you speak English?”と聞くべきだ（ヨーロッパなら、この程度の英語はどこでも通じる）。英語を話せない人がそう聞かれると、心理的な負担を感じる。だから、丁寧に対応してくれるだろう。片言でも英語で話そうと努力してくれるかもしれない（あなたが外国人に「エイゴ　ハナセマスカ？」と聞かれた場合と、“Do you speak English?”と聞かれた場合を考えれば、これが正しいのが分かるだろう）。

旅行者に必要なのは、正確な言葉ではない

旅行者の言葉に難しい文法は必要ない。仮定法、過去完了、関係代名詞などは、ほ

とんど不要だ。欧米語では冠詞が重要だが、それが間違っていても、何とかなる。
それに、文法的に正確な文章を正しい発音で述べたとしても、相手のレスポンスを理解できなければ、意味がない。コミュニケーションは、一方通行でなく、双方向だからである。とくにドイツ語の場合、こちらがドイツ語で話しかけた場合の相手の反応は、猛烈な早さの複雑な答えになる可能性が強い。こちらが正確な言葉を話すほど、そうなる。これでは逆効果だ。

「相手が言っていることの理解が重要」というのは、質問については明らかだ。例えば、二つの物があるとき、“which?”と手に持って示せば、相手は指差してくれるだろうから、有効な質問になる。しかし、「駅へ行く道筋はどうなっているのですか？」という類《たぐい》の質問は、答えが分からない場合が多いのである。だから、こうした質問は無意味というべきだ。一般に、“who? what? why? how?”は、質問はできても、答えが分からない場合が多い。「海外旅行者用会話集」といった本には必ずこうした質問例がでているが、実際には役立たない場合が多いのである。

それよりは、単語が重要である。単語を並べるだけでも、かなりのコミュニケーションができる。例えば、コーヒーを注文するとき、“Can I have a cup of coffee?”などと文章で言う必要はない。“Coffee, please.”といえば十分である。あるいは、会話本を開いて該当個所を相手に示すのでもよい。相手は、こちらが話せないことが分かるから、それなりの対応をしてくれるだろう。

単語すら必要ない場合もある。例えば、暴漢に襲われたとき、正確な言葉で助けを求める必要はない。ただ大声を上げればよいのである。重要なのは、声の大きさであって、言語としての正確さではない。あるいは、「痛い」というのを、"ouch"という必要はない。顔をしかめて日本語で「痛い」といえばよいのだ。海外旅行者用会話集を見ると、こうした類の表現も収録されていることがあるが、ナンセンスという他はない。

一般に、「コミュニケーション」は、言葉だけで行なうものではない。身振りや手振りでできる場合もある。笑顔だけでも有効なコミュニケーションになることもある。ただし、ボディ・ランゲッジは、必ずしも万国共通ではない。国によっては、特定のしぐさがとんでもない意味に取られることがあるから、注意が必要だ。

注意書き、時刻表、レストランのメニューなどは、読めるだけで十分である。だから、町を歩く時は、必ず小型辞書を携帯することにしよう。

こちらのいうことが相手に通じないのは、発音ではなく、アクセントに原因がある場合が多い。英語やドイツ語では、とくにそうである。例えば、アイスクリームの

「バニラ」でさえ、日本式のアクセントでは、まず通じまい（〈ニ〉にアクセントがある)。地名もそうだ。ベルリンを〈ベ〉にアクセントをおいていうと、ベルンと間違えられる。ニュアークを〈ア〉にアクセントをおいていうと、ニューヨークと受け取られる（なお、イタリア語は、概して平板だ。母音が多いこともあって、日本人には話しやすい)。

言葉が重要な場合もある

以上で述べたのは、「旅行者に正確な言葉は不必要」ということではない。海外旅行で言語能力が必要とされる場面は、いくつかある。

一つは、レンタカー旅行である。これについては、第4章ですでに述べたが、重要なので繰り返す。「言葉に自信がないから、列車でなくレンタカーで旅行する」のは、大変な間違いだ。レンタカーでは、交通事故や違反がありうる。そうした場合、警官に状況を説明し、自分の正当性を主張する必要がある。ここでは、相手を説得できる言語能力が決定的に重要だ。うっかり"I'm sorry."などといえば、落ち度があるのを認めたことになり、全責任を負わされることになりかねない。

海外旅行中で正確な言語能力が要求されるいま一つのケースは、病気や怪我《けが》の場合だ。症状や状況を正確に医師に伝える必要がある。しかし、病気関係の言葉は普段使わないし、また難しい。例えば、「下痢をしている」というような簡単な症状を英語でいうのさえ、簡単ではない（30年前にアメリカに留学したとき、病名のリストを渡されて既往症をチェックするように求められたのだが、30個くらいの病名のうちで分かったのは、「結核」だけだった）。

しかし、症状を正確にいえなければ、文字どおり「致命的」になる場合もある。持病をもっている人は、それを外国語でいえるよう準備しておくべきだ。あるいは、あらかじめ説明文を用意して、持ち歩くことが必要である。

必要最低限の言葉を覚えよう

言葉が「多々益々《ますます》弁ず」であることは、間違いない。しかし、短期間に学習するのは難しい。そこで、多くの人は尻込《しりご》みしてしまう。しかし、「難しい。大変だ」といって何もしないよりは、必要最低限の言葉を覚えるほうがよい。それ以外は、辞書を引いたり、会話集の本を見て補完すればよいのである。

問題は、「必要最低限の言葉」として何を選ぶかだ。この選択は、難しい。外国語の専門家に任せても、駄目である。必要なのは、旅行での実体験だからだ。私が選んだものを、202〜203ページの表に示そう。この程度なら、行きの飛行機の中で暗記できるだろう。

なお、「重要なのは発音よりアクセント」という立場から、表ではアクセントのある音を太字で示した。カタカナを日本式に読んでも、アクセントが正しければ通じるだろう。

まず、挨拶《あいさつ》と返事は、必ず覚える必要がある。「ありがとう」と「さようなら」は、必ず現地語で言う。英語でも通じるが、これは親密感の表明なので、現地語で言うことがコミュニケーションを円滑化する潤滑油なのである（外国人が日本語で言ってくると、親しみを感じるのと同じである）。"good morning"は言う機会が多いが、"good afternoon, good evening"はどうしても必要というわけではない。"hello"でよいだろう（これは、ほぼ万国共通である）。

数字はきわめて重要だ。これは、覚えるしかない。なるべく多くの数字を覚えることが望ましい。しかし、難しい。フランス語などは不規則な数え方なので、とくに面倒だ。

表に示すものは、最低限、絶対に覚えよう。「7個下さい」がいえなければ、「5個」あるいは「10個」で我慢すればよいのである（ちょっと乱暴なアドバイスではあるが……）。１００を超える数を言うことは、さほど多くないだろう。

長さや重さに関しては、言葉だけでなく、単位が分からないことが多い。英米では、いまだにヤード、ポンドなので、とくにそうだ。温度を華氏でいわれると、まごつく。「分かりません（理解できません）」を明確に伝えることは、しばしば重要である。曖昧《あいまい》な笑顔で応じると、とんでもない結果になることがありうる。買い物で値段を聞く場合には、紙に書いてもらえばよい。したがって、「ここに書いてください」は、重要な会話である。

右、左、上、下、大きい、小さい、私、あなたなどは、手振りで示せるから、必ずしも言葉で言う必要はないだろう。

必要最低限の旅行者用外国語

日本語	英語	フランス語	ドイツ語	イタリア語
〈挨拶〉				
ありがとう	thank you《サンキュー》	merci《メルスィ》	danke《ダンケ》	grazie《グラーツィエ》
さようなら	good-bye《グッド　バイ》	au revoir《オー　ルヴォワール》	auf wiedersehen《アウフ　ヴィーダーゼーエン》	arrivederci《アリベデルチ》
おはよう	good morning《グッド　モーニング》	bonjour《ボンジュール》	guten Morgen《グーテン　モルゲン》	buon giorno《ブオン　ジョルノ》
〈数字〉				
1	one《ワン》	un《アン》	eins《アインス》	uno《ウーノ》
2	two《トゥー》	deux《ドゥー》	zwei《ツヴァイ》	due《ドゥーエ》
3	three《スリー》	trois《トロア》	drei《ドライ》	tre《トレ》
5	five《ファイヴ》	cinq《サンク》	fünf《フュンフ》	cinque《チンクエ》
10	ten《テン》	dix《ディス》	zehn《ツェーン》	dieci《ディエーチ》
100	hundred《ハンドレッド》	cent《サン》	hundert《フンデルト》	cento《チェント》
〈返事〉				
はい	yes《イエス》	oui《ウィ》	ja《ヤー》	si《シー》
いいえ	no《ノウ》	non《ノン》	nein《ナイン》	no《ノー》

日本語	英語	フランス語	ドイツ語	イタリア語

〈応対〉

日本語	英語	フランス語	ドイツ語	イタリア語
どうぞ (お願いします)	please《プリーズ》	s'il vous plaît《スィル ヴ プレ》	bitte《ビッテ》	per favore《ペル ファヴォーレ》
ちょっと失礼	excuse me《エクスキューズ ミー》	pardon《パルドン》	bitte《ビッテ》	permesso《ペルメッソ》
失礼しました	excuse me《エクスキューズ ミー》	excusez-moi《エクスキュゼ モワ》	entschuldigen Sie《エントシュルディゲン ズィー》	mi scusi《ミ スクージ》

〈質問〉

日本語	英語	フランス語	ドイツ語	イタリア語
いくらですか?	How much?《ハウ マッチ》	Combien?《コンビアン》	Wie teuer ist das?《ヴィー トイアー イスト ダス》	Quanto costa?《クアント コスタ》
どちら?	which?《ウイッチ》	lequel?《ルケル》	welche?《ヴェルヒェ》	quale?《クアーレ》
どこ?	where?《ウエア》	où?《ウ》	wo?《ヴォー》	dove?《ドーヴェ》
いつ?	when?《ウエン》	quand?《カン》	wann?《ヴァン》	quando?《クアンド》

〈頻繁に行なうコミュニケーション〉

トイレはどこですか?	英語	Where is the restroom?《ホエア イズ ザ レストルーム》
	フランス語	Où sont les toilettes?《ウ ソン レ トワレット》
	ドイツ語	Wo ist die Toilette?《ヴォー イスト ディ トアレッテ》
	イタリア語	Dov'è il gabinetto?《ドヴェ イル ガビネット》
ここに書いてください	英語	Please write it here.《プリーズ ライト イット ヒア》
	フランス語	Pouvez-vous l'écrire ici?《プーヴェ ヴー レクリール イスィ》
	ドイツ語	Bitte schreiben Sie das hier.《ビッテ シュライベン ズィー ダス ヒーア》
	イタリア語	Puo scrivere qui?《プオ スクリーヴェレ クイ》
分かりません	英語	I don't understand.《アイ ドウント アンダスタンド》
	フランス語	Je ne comprends pas.《ジュ ヌ コンプラン パ》
	ドイツ語	Ich verstehe nicht.《イヒ フェルシュテーエ ニヒト》
	イタリア語	Non capisco.《ノン カピスコ》

オーストリア国境近くのドイツ・アルプス、ケールシュタイン山の頂上に、ヒットラーの山荘「鷲の巣」がある。ベルヒテスガーデンという町から山道に入り、途中で専用バスに乗り換える。最後は、山中をくりぬいて作られた巨大なエレベーターで一挙に山頂まで上がる。周囲の山や湖のすばらしい眺望が満喫できる。
古い記録映画を見ると、このテラスでナチス党幹部が談笑している様子が、当時は珍しかったカラーフィルムに撮影されている。「鷲の巣」は、現在はレストランだ。
このあたりから、チロル地方を通り、スイスとの国境にあるボーデンゼーに至るアルペン街道は、素晴らしいドライブコースだ。
この街道にあるガルミッシュ・パルテンキルヒェン（1936年冬季オリンピックの開催地）のホテルを予約し、地図に示された地点までいったのだが、ホテルが見当たらない。暫く探しまわったあげく、道はホテルまで通じておらず、駐車場からリフトに乗って行くようになっていることが分かった。

いわくつき風景⑪　**ヒットラーの山荘**

第12章　トラブル・シューティング

盗難と紛失を防ぐには

海外旅行は普段の生活とは違う環境での行動だから、トラブルが多い。飛行機墜落のような大事故もありうる。それほどでなくとも、災難は覚悟したほうがよい。一人旅の場合には、すべてを一人で処理しなければならないので、大変だ。もっとも、普通遭遇するのは、持ち物の紛失や置き忘れなどの小さなトラブルだろう。こうしたものは、注意していれば避けられるものが多い。

海外旅行で最も頻繁に起るトラブルは、盗難であろう。街角、ホテル、空港などあらゆる場所で、日本人旅行客は、置き引きやひったくり、すりなどに狙《ねら》われている。日本人は世界全体からみれば豊かな国民だし、現金などを持ち歩いている人も多いからだ。

絵の具やアイスクリームなどを投げつけられて、ひるんだところを奪われるケースも多いようだ。確かに、こうしたものが突然襲ってくれば、注意はそちらに向いてしまう。

ただし、あらゆる日本人旅行者が平等にターゲットになるわけではない。狙われやすいスタイルというものがあるのだ。いかにも「初めての海外旅行者」といったスタイルである。相手もプロだから、こういう人達をターゲットにしているのだ。「彼らを避けるには、現地の新聞を小脇《こわき》に抱えて歩けばよい（長期滞在者に見られるから）」という説もある。

10人ほどのグループを引率して海外旅行をしたことがある。メンバーの一人がどうも注意力散漫で危ないと思っていたら、ホテルのロビーで集合中に、見事にその人の持ち物だけが盗まれた。どうしてこのように正確な狙いがつけられるのか、驚くほかはない。

旅行者は、新しい経験に気を取られて、注意が散漫になっていることが多い。ホテルのチェックインや買い物の支払いの際など、注意がそちらに向いて、荷物から注意が離れる。外国語で話さなければならない場合は、とくにそうだ。こうしたところが狙われる。持ち物から手をはなさない、床に置いた荷物は足に挟む、などを習慣づけることが必要だ。

治安の悪い場所では、盗難に遭いやすい。その他の事故の危険もあるので、できるだけ近づかないようにしよう。ことに、夜の町や交通機関には注意する必要がある。

世界でも例外的に治安がよい環境に住んでいる日本人は、世界全体の安全水準を見誤っている場合が多い。

盗難に遭わなくとも、紛失したり、置き忘れたりすることがある。レストランなどで席を離れる時は、忘れ物がないように、振り向いてチェックする癖をつけよう。バッグや荷物には、必ず名前と住所を英語で表示した札を付けておくことにしよう。電話番号などの連絡先も書いておくのがよいだろう。

飛行機の席に置き忘れることもよくある。睡眠時間でキャビンが暗くなっていると、床に落としたものを忘れる。取り出したものが座席シートの隙間《すきま》に入り込んでしまうこともある。降機時にきちんとチェックすればよいのだが、着陸直前になって入国カードの記入などに気を取られて、つい忘れてしまうことがありうるのだ（私も、カメラとパソコンを置き忘れたことがある）。飛行機の座席で取り出した物は、その都度バッグに戻すように癖をつけよう。

海外旅行では、入国審査や税関申告など、普段経験しないことを経験する。それに注意が向いていると、つい持ち物から注意が離れてしまう。そして、置き忘れる。こうした事故を防ぐためにも、持ち物の数は最小限に止《とど》めるべきだ。私は、交通機関で移動する際の持ち物は、大型のスーツケースと機内持ち込みバッグの二つに限定することにしている。

詳細な行動記録をつけていると、紛失した場合に、どこでなくしたか見当がつく場合がある（記録を見て、行動を細かくトレースしてみる）。

貴重品は、そもそも海外旅行に持ってゆかないのが一番だ。どうしてもなくしたくないのは、パスポート、現金、クレジットカード、航空券である。これらをどう持ち歩くのがよいか？　私は、カード入れに入れて、胸の内ポケットに入れている。女性の場合は、ハンドバッグにならざるをえないだろう。人混みなどでは、口金が内側を向くように持つことにしよう。

スーツケースの鍵《かぎ》は、小さいので紛失しやすい。そこで、バッグなどに紐《ひも》で結んでおく。一般に、紛失を避けるためには、大きな袋に入れたり、大きな物に括《くく》り付けたりして、形状を大きくするのがよい。

パスポートは、必ずコピーを作って、実物とは別のところに保存するようにしよう。クレジットカードの番号も、控えておくのがよい。

ホテルが分からない？

ホテルでの事故で最も多いのは、部屋を出るときに鍵を室内に置き忘れ、オートロックのドアを閉めてしまうことだ。私は、これを防ぐために、部屋から出てドアを閉める前に、必ず鍵を確認するように癖をつけている。もしロックアウトされてしまったときは、フロントに行って事情を説明し、開けてもらえばよい。

鍵を持って出ても、ホテルの部屋番号を忘れてしまうことがある。とくにカードキーのホテルの場合、カードに部屋番号は書いていないので、うっかりしていると、部屋が分からなくなる。この場合も、フロントに行って問い合わせれば、すぐに分かる。

団体旅行者が途中ではぐれて、ホテルの場所が分からなくなるという事故があるそうだ。ホテルの名前さえ分からなくなる人もいる（一人旅の場合は、まずありえない事故だが）。他人事として聞けば大笑いだろうが、「知らない町で一人ぼっち。どこに帰ればよいか分からない」というのは、かなり深刻な事態だ。いくらあなた任せの旅でも、ホテルの名前くらいは覚えておこう。外出するときには、ホテルカードを持ってゆく。

部屋にいるとき、ドアは必ず厳重にロックする。チェーンがある場合には、必ずかける。ノックされても、気軽にあけてはならない。廊下は、外の道路と同じである。どんな危険が待っているか分からない。

ホテルのフロントには、通常セイフティボックスがある。しかし、私はあまり利用

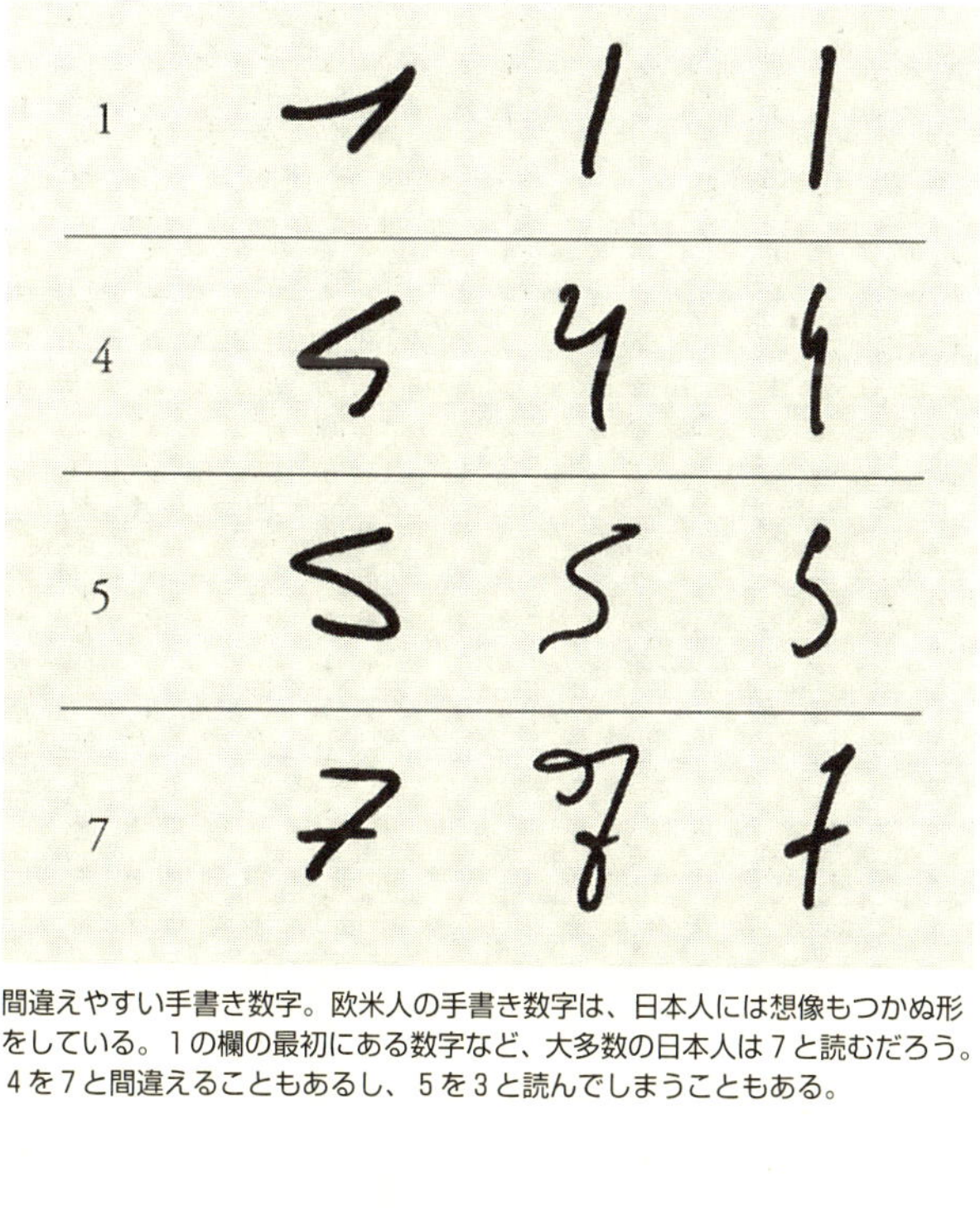

間違えやすい手書き数字。欧米人の手書き数字は、日本人には想像もつかぬ形をしている。1の欄の最初にある数字など、大多数の日本人は7と読むだろう。4を7と間違えることもあるし、5を3と読んでしまうこともある。

しない。いちいち出し入れするのが面倒だからだ。部屋にセイフティボックスがある場合もある。私は、これもあまり利用しない。暗証番号を忘れてしまったり、チェックアウトする際に忘れてしまう危険があるからだ。パスポートや航空券は、持ち歩くほうが安全と思っている。

ホテルを出発する時に、部屋に忘れ物をしないように注意しよう。持ち物をさまざまな場所に分散して置くと、置き忘れることがある。置き場所が多数あっても、1個所にまとめておくのがよい。

飛行機に乗り遅れるな

交通機関でもトラブルが多い。飛行機は乗り遅れることがある。一番多いのは、最初の飛行機が遅れたために、コネクティング・フライトに乗れないことだ。飛行機の遅れは日常茶飯事と思っているほうがよい。私も、このトラブルには何度も遭遇したことがある。仮にこうしたことになっても、次の便には乗れるし、当日の便がない場合には航空会社が宿泊を提供してくれるから、致命的な事故となるケースは少ない。ただし、旅行プランが台無しになるのは避けられない。

こうした事態を避けるために、乗り継ぎ時間を十分にとる必要がある。私は、1時間ではやや不足ではないかと考えている。とくに、地方都市から大都市に出て、そこから日本行きの便に乗るような場合には、十分な時間を確保しよう。

飛行機の出発が6時間も遅れたため、到着地で予約しておいたレンタカーが出払ってしまい、慌《あわ》てたことがある（電話も通じなかったのである）。別の会社の車を借りることができたのだが、深夜の山道を走ることとなってしまった。

通勤ラッシュ時に空港に向かう時間帯のフライトは、選ばないほうがよい。渋滞に巻き込まれて、出発時刻に間に合わないことがある。

これが問題となる空港の最たるものは、他ならぬ成田であろう。私は、午前中の出発便の場合には成田に泊るし、午後や夜の便の場合は、鉄道を利用することにしている。それでも安心はできない。成田エクスプレスが台風で3時間近くも遅れたことがある。空港に到着したのは、出発時刻の10分前だった。ロビーを疾走して、何とか間にあったが。

アメリカのビジネスマンは、乗り遅れた場合に代替便を探すために、OAG（Official Airline Guide）の携帯版を持ち歩いている。これは、日本でも大きな書店で入手できる。インターネットを通じて申し込むこともできる。旅行代理店は元の大きな版を持っているから、アメリカの地方都市に旅行する場合には、必要個所をコピーしてゆくとよいだろう。

チェックインした荷物が、引き取りの際に出てこないことがある。ターンテーブルが止まるガタンという音がし、結局荷物が現われないというのは、実に嫌な気分だ。ただし、通常は、紛失でなく遅れである。乗り換えの際に、荷物の積み替えが間に合わず、つぎのフライトで運ばれてくるという場合が多い。何度も海外旅行していれば、いつかは遭遇する事故と覚悟すべきだろう。

「これで海外旅行もベテランになった」と自分に言い聞かせて、落ち着いて行動しよう。バゲッジクレイム・エリアには、隅のほうにロストバゲッジの窓口があるので、そこに行って申告する。スーツケースの形状を告げる必要があるので、形や色などを正確に覚えておこう。当面の日用品を買った費用を請求できるので、領収書をとっておく。多分翌日には、荷物はホテルに着くだろう。ただし、宿泊地が毎日異なるような場合は厄介だ。

この事故に対応するためにも、数日間を過ごせるような身の回り品（洗面用具など）は、スーツケースにいれず、機内持ち込みにするほうがよい。1週間未満の旅行であれば、チェックインする大型の荷物を作らず、コンパクトにまとめて、すべて機内持ち込みにする人もいる。

チェックインする荷物に古いタグが付いたままになっていると、そこに表示された目的地に運ばれる危険がある。必ず外すように気をつけよう。

白タクについては、第5章で述べた。乗らないようにするのが第一だが、そうもゆかない場合がある。あまりに高額な場合は、クレイムを付けることだ。

病気、留守宅、夏時間、数字

海外旅行での病気や怪我《けが》は、難儀だ。マラリアや破傷風などの恐ろしい病気の危険がある地域もある。日本領事館がインターネットに現地の病院や医師の連絡先などを掲示しているところもあるので、出発前にアクセスして、必要な情報をダウンロードしておくとよい。

医師の処方箋《しょほうせん》がないと薬を入手できない場合も多い。風邪薬や鎮痛剤などは、日本から持参しよう。入院などの出費に備えるため、旅行傷害保険に入っておく。

日本の留守宅でのトラブルにも注意しよう。夏季には、水やりができなくなると植木鉢の植物が枯れるので、対策を講じる。昔は、自動車のバッテリーがあがってしまうので、海外旅行に出る際には接続を外すようにしていた（いまのバッテリーは、1週間位なら放置しても問題はなかろう）。単身者の場合（あるいは家族全員で出かける場合）には、電源をブレイカーで切断しておくのがよいかもしれない（ただし、冷蔵庫は使えなくなる）。ごみの処置、新聞、郵便物の処理にも気を付けよう。

ヨーロッパやアメリカでは、夏時間を採用している国が多い。滞在期間中に夏時間にスイッチするときは、知らないでいると定時に遅れることになる。私はある国際会議に出席したとき、会議の初日に遅刻したことがある。前日に到着し、夜には歓迎の夕食会もあったのだから、誰かが注意してくれそうなものだが、現地の人達には当然のことなので、話題にも上らなかったのだ。30年前アメリカに留学したとき、クラスにでかけたら、教室に誰もいない。この時は、冬時間の最初の日だったのである。暫《しばら》くの間、何が起こったのか分からず、狐《きつね》につままれたような気分だった。

日本でも大分前に夏時間を採用したことはあったが、最近では全くなじみのない制度になっているので、そもそも日本人の意識にのぼらないのだ。交通機関に乗り遅れたりすると厄介なので、注意を要する。日本人にとっては、迷惑な制度である。

最後に数字について注意しよう。欧米人が書くアラビア数字は、日本人が見慣れたものとかなり違う（211ページの図を参照）。数字は日常言語と違って冗長度がないので、読み違うと致命的な事故が起こる。私も、メモに書かれたホテルの部屋番号を読み間違えて、ひどい目にあったことがある。

数字を聞き違えることもある。とくに要注意なのは、thirteen と thirty である。「thirteen のアクセントは後ろ」ということになっているのだが、thirty としか聞こえないこともある。“one-three?” または “three-zero?” と聞き返して確かめるべきだ。

昔アメリカで旅行中のこと。電話で時刻を確かめ、グレイハウンド・バスのターミナルに2時30分に出かけていったら、13分発のバスはすでに出たあとだった。

海外旅行のトラブル予防に役立つインターネットのサイト

☆☆ Travel Warnings & Consular Information Sheets

世界各国の現在の情勢や、危険度などに関する情報が公開されている。アメリカ国務省が提供している。知らない国に行く時には、必見。

☆☆ 外務省

「各国・地域情勢」には、国ごとの基本データの他、「海外安全情報」がある。「渡航関連情報」の中の「世界の医療事情」には、現地の医療機関、医療費などのかなり詳しい情報がある。

「超」旅行法サポートページのご案内

〈野口悠紀雄Online〉の〈「超」旅行法サポートページ〉

(http://www.noguchi.co.jp/voyage/voyage.php3) には、

「旅行関連リンク」「フリースタッフ」「ヴァーチャル・ツア」

「フォトギャラリー」の4つのセクションを用意しています。


「旅行関連リンク」は、本書で紹介した海外旅行関連サイトのリンク集です。ここにアクセスすれば、いちいち相手のURLを打ち込まなくても、海外の美術館などのサイトを簡単に訪れることができます。リンク先や内容紹介は、できる限り最近のものにアップデイトしてあります。

「フリースタッフ」には、ホテルへの連絡文が載せてあります。これをコピーして必要部分を書き換えれば、すぐにメールやファクスを送ることができるでしょう。また、ここには、デスクトップピクチャーに使えるブルージュの写真も用意してあります。

「ヴァーチャル・ツア」では、本書で紹介したブルージュの「ヴァーチャル・ツア」を再現しています。

「フォトギャラリー」には、ヴァーチャル・ツアに収録したものも含め、ブルージュの写真が約460枚あります。これで補完すれば、非常に詳細なブルージュ・ヴァーチャル・ツアを実現できるでしょう。

「男性用」と「女性用」

初めて外国旅行に出ることになった男が家庭教師を雇って言葉の特訓をしたのだが、どうしても覚えられない。サジを投げた家庭教師は、「トイレでは、字数が少ないほう（men）に入れ。字数が多いほう（women）に入ってはいけない」と教えた。ところが、イギリスのトイレでは、gentlemen と ladies になっていた。

ドイツでトイレに入ろうとした男は驚いた。一方には Herren（ヘーレン：入れん）、他方には Damen（ダーメン：駄目）と書いてある！　最近ではトイレの表示に絵文字が多くなったので、こうした（下らない）ジョークは成立しなくなった。

イギリス、オックスフォードの郊外に、ディッチリーという財団が保有する国際会議場がある。広大な牧場の中にある、石作りの城だ。昔の貴族の館だろう。周りは美しい庭園で囲まれている。

ここの部屋には、鍵がなかった。周囲から隔絶しているし、会議に出る人しか泊まっていないから不要というわけだ。ついでにいうと、部屋に電話もなかった。「電話はオフィスに掛かってくるものであり、それは有能な秘書がさばいているから、会議場に電話は必要ない」という考えに基づくものだろう。こうしてみると、鍵も電話もないのは、最も高級な宿泊施設のシンボルということになる。

図書室が会議場になっていた。立派な装丁の古い本に囲まれた大きな机で討論していると、世界の命運を決めているような気分になる。会議に出席の返事を出したところ、「夕食はブラック・タイ」との連絡がきた。大変気が疲れる夕食会だったが、その時買ったタキシードは、その後日本での結婚式でおおいに活躍している。

寝室と同じスタイルの部屋の中に、写真のような便器があった。建築当初にはなかったものを後から取り付けたのだろうが、広い部屋の中のトイレというのは、どうも落ち着かない。

いわくつき風景⑫ **部屋の中のトイレ**

頼りになる小物

●ミシュランのガイドブック

かの007ジェームズ・ボンド氏も愛用していた。ただし、日本語の翻訳では「ミケリン」になっていた。日本人にはあまり馴染みがなかった証拠だ。

●オペラグラス

オペラグラスは、オペラやミュージカルの鑑賞に役立つだけでない。美術館の絵や教会の天井画などを見るのに、大変便利だ。システィナ礼拝堂では大活躍する。ミラノのサンタ・マリーア・デルレ・グラーツィエ修道院にある『最後の晩餐』は、薄暗い場所にあるぼやけた絵だったので、オペラグラスは必需品だった。

●ホテルのガイドブック

ホテルのガイドブックは各種出版されている。しかし、本当に客観的で信頼できる情報を提供しているものは、それほど多くない。写真が出ているとホテルの様子は分かるが、逆に惑わされることもある。

●私のスーツケース

スーツケースには、同じような外観のものが多い。飛行機から出てきた荷物を取るとき、間違える危険がある。タクシーのトランクに積み込んでからあとで心配になり、ホテルに着くまで落ち着かなかったことがある。こちらが間違えなくとも、誰かが私の荷物を持ってゆく危険もある。こうした事故を未然に防ぐには、ステッカーを貼って、スーツケースを「個性的」にするとよい（カバー参照）。

●ステッカー

カバーの写真に示した「絶対間違えないスーツケース」を作るための原材料である。欧米の観光地だと、土産物屋などで必ず売っている。それほど高いものではないので、土産物としても使えるだろう。

もっとも、時間的余裕がなくて買えず、あとから残念に思うときも多い。こうした需要を目当てに、日本国内で海外主要地のステッカーを売り出しても商売になると思うのだが、どうだろうか？

●私の戦利品・小物入れ

機内に用意されている化粧品セット用のバッグ。中身は捨てて、バッグだけを利用している。小物入れとして大変便利。海外旅行の貴重な戦利品だ。

●CDプレイヤ

97ページで述べているように、CDプレイヤは、私の機内必需品である。暫く前から、離着陸時の電子機器の使用が禁止されるようになった。これは、誠に残念なことだ。離着陸時にも使用できる、電波が絶対漏れない保証付きのプレイヤが製造できないものだろうか？

●電気湯沸し器

水が飲めない地域では、これで煮沸する。持参した日本茶を飲むのもよいだろう。ただし、これを使うには、変圧器とプラグが不可欠である。

●トートバッグ

書店や大学生協などのトートバッグ（布製の買い物バッグ）も、土産物によい。MMA（メトロポリタン美術館）などのネームが入ったものは、人気がある。これは、もっとも安価な「ブランド品」だ。書籍などを入れて持ち歩いたり、車で移動する場合の物入れとして、大変便利である。自分用にすれば、買った直後から使える「頼りになる小物」でもある。

●電源プラグと変圧器

電源プラグは、国によって異なるので、非常に面倒だ。ホテルによって違う場合さえある。事前に確かめておいても、不安が残る。重いノートパソコンを苦労して持参したにもかかわらず使えない、ということがありうるのだ。湯沸し器も使えない。このため、私はあらん限りのプラグと変圧器を持ち歩いている。

●辞書

時刻表や駅の注意書きを読むとき、レストランのメニューを見るとき、このような小さい辞書でも、非常に役に立つ。

看板や広告の意味が分かると、町の風景が生き生きと感じられてくる。最近は電子翻訳機もあるが、このような伝統的辞書のほうがはるかに使いやすい。

●ドイツ・ボルマン社のイラスト市街地図

見ていて楽しいだけでなく、町を歩く際のガイドとしても、大変実用的。

●キーホルダ

キーホルダを持参すると、ホテルの部屋の鍵、冷蔵庫の鍵、レンタカーの鍵などをまとめられるので、便利。もっとも、最近ではヨーロッパのホテルでもカードキーが増えたので、キーホルダの出番は少なくなった。

●小型懐中電灯

機内の睡眠時間で機内灯が落ちたとき、足下のバッグの中を探すのに読書灯ではよく見えない。慣れないホテルで夜中に目覚めたとき、ベッドサイドの照明スイッチの位置が分からないことがある。こうした時に、小型の懐中電灯があると便利だ。私は星図を見るために持ち歩いている。

●カード入れ

パスポート、クレジットカード、航空券は、これに入れて、胸の内ポケットに入れて持ち歩いている。きつめのほうがよい。緩いと、中のカードが滑り落ちることがある。

●美術館のガイドブック

美術館巡りにガイドブックは必需品。作品を見る前に買う。大きな美術館なら日本語版がある。

●財布とコイン

違う国のコインを混ぜてしまうと、あとで選別に苦労する。そこで、訪れる国の数だけの財布を、日本円用のとは別に、持参する必要がある。かつてのヨーロッパ旅行では必携品だった。

●公演のパンフレット

音楽会やオペラ、ミュージカルなどのパンフレット。古いパンフレットを取り出すと旅行の思い出がよみがえってくる。

●帽子

外出の時に帽子を持参すると、意外に便利。ヨーロッパの雨は日本ほど激しくないので、帽子とレインコートがあれば、傘なしでも歩ける。

あとがき

本書は、雑誌『シンラ』に1998年4月号から99年3月号まで連載した『野口悠紀雄の「超」旅行法』をまとめたものである。連載した内容をもととしているが、大幅に加筆・修正した。

本書のテーマは、個人海外旅行である。日本人にとって海外旅行は随分身近なものになったが、依然としてパック旅行・団体旅行が主流だ。こうした旅行と個人旅行はまったく別であり、海外旅行の本当の楽しさは個人旅行にあるというのが、本書の主張である。

本書では、これまで70回近く行った海外旅行で、私自身が開発・蓄積したノウハウを公開した。特定の地域の案内ではなく、海外旅行一般に有用と思われるノウハウを述べている。私自身の渡航地は欧米である場合が多いが、ここで述べたことの有効性は、この地域に限定されるわけではない。

海外旅行の入門書やガイドブックなどには、海外旅行に特有の必須《ひっす》ノウハウが見つからない場合が多い。ホテルでの部屋変更の頼み方、町でのトイレの探し方、レストランでの無炭酸水の注文法、美術館巡りの事前調査、手書き数字の読み方、英語が通じない国でのコミュニケーション法等々である（これらが「必須」と考えられてこなかったのは、団体旅行が主流だったからだろう）。

本書で紹介したノウハウの実用性については、自信をもっている。35ページの携行品リスト、49ページの問合わせ文、そして202〜203ページのサバイバル外国語などは、コピーして利用されたい。ホテルやレストランの選び方、日程の立て方、土産品選びや美術館・劇場巡りのヒントなどは、学生の卒業旅行やビジネスマンの出張旅行から引退後の夫婦旅行に至るまで、広い範囲の海外旅行に関して有用であると自負している。本書が海外旅行必須のガイドブックになることを望んでいる。

第8章で述べたように、「日本人が外国の街角で現地の人々と笑顔で挨拶《あいさつ》する」ことは、きわめて重要だ。これができれば、仰々しい「日本文化館」などを作らなくとも、日本の対外イメージは向上する（できなければ、いかに巨額の対外広報予算を使ったところで、無益である）。その意味で、これは、国際社会に生きてゆく日本にとっての最大のノウハウだと思う。

旅について語るのは、楽しいことだ。第2章、第3章で書いたように、とくに楽しいのは、旅の準備と回想だ。本書は、私自身の海外旅行の回想録にもなっている。これまでの旅行の一つ一つを思い起しながら、楽しんで書いた。

第1章で述べたように、海外旅行の最大の効用は、自分自身の日常生活を客観的な目で見直せることだと思う。海外旅行を経験すれば、日本社会についても「まともな」評価ができるようになる。例えば、円高がいかにすばらしいかを実感できる。「円高は国難」などという主張が、いかにバイアスがかかったものかが分かるだろう。また、日本の都市の生活環境がいかに貧しいかも実感できる。日本の公共事業予算の配分を変えるのは、こうして育ってゆく健全な常識しかない。

本書では、「ヴァーチャル・ツア」という概念（遊び？）を提唱している。これにのめり込むと、本物の旅行より楽しくなる。「ヴァーチャル・ツアの楽しみを減らさぬために、そこには行かないことにしよう」とさえ思う。ただし、書籍では、掲載できる写真数に強い制約がある。使いたい写真は山ほどあるのに、泣く泣く割愛しているのである。この制約を克服してくれるのがインターネットだ。私のホームページ

「野口悠紀雄Online」(http://www.noguchi.co.jp/)では、本書の特別篇に掲載したヴァーチャル・ツアの完全バージョンを提供している。

また、本文の随所で紹介しているように、インターネットには、海外旅行に役立つ情報が数多くある。これらについてのリンク集も、私のホームページで紹介している。いちいちURLを入力しなくても、クリックするだけでさまざまなサイトに飛ぶことができるので、非常に便利に使えるはずだ。

「野口悠紀雄Online」のヴァーチャル・ツアと旅行リンク集は、インターネットと印刷物との新しい協力関係の実験にもなっている。なお、これらは、野口経済研究所のホーム・ページ・スタッフが作成した。

新潮社出版部の葛岡晃氏には、雑誌連載時においても、また本書の作成過程においても、ひとかたならぬお世話になった。写真の選定は氏との共同作業であり、面倒なレイアウト作業などは、氏のご尽力による。ここに厚く御礼申し上げたい。

１９９９年10月

野口悠紀雄

文庫版あとがき

本書は、1999年に新潮社から刊行した『「超」旅行法』の文庫版である。これまでよりさらに広い範囲の方々に読んでいただけることを楽しみにしている。

単行本刊行からの4年間で一番大きく変わったのは、インターネット環境だろう。海外ホテルの予約は、インターネットで簡単にできるようになった。ミシュランのガイドブックも、ウエブ上に登場した（ただし、使い勝手はあまりよくない）。ガイドブックには、ホテルの電子メールアドレスも掲載されるようになった。個人旅行者が海外に旅行する際に最も面倒なのは、ホテル予約の手続きだ。これが、IT革命によって、随分簡単になった。

本書で示したファクスの文例は、メールでももちろん使うことができる。予約に電話を使わざるをえず、日程などが正しく伝わっただろうかと心配していたのは、それほど昔のことではない。情報通信技術の進歩の速さに、改めて驚かされる。

大きなホテルだと、ホームページでホテルの写真を見ることができる。事前にイメージを把握することができて、便利だ（ただし、想像が膨らみすぎて、現地に行ってから幻滅する危険がなきにしもあらず）。

海外の劇場の情報収集や予約なども、単行本刊行当時より便利になった。ニューヨーク・タイムズなどの新聞をインターネットで見ていると、ニューヨークに住んでいるのとあまり変わらない生活情報に接することができる。これらについては、最新の情報を私のホームページで紹介してゆくつもりである。

また、単行本刊行時に作成した「ヴァーチャル・ツアア」と「旅行関連リンク集」は、無料で一般公開することとした。これらも含め、本書の刊行にあわせてホームページ上の企画を拡充してゆく予定である。是非、私のホームページ http://www.noguchi.co.jp/ にアクセスしてご覧になっていただきたい。

単行本刊行後のもう一つの大きな出来事は、2001年の9・11テロだ。これによって海外旅行者はだいぶ減るのではないかと危惧《きぐ》されたが、概していえば、テロ以前の状況に戻ったようだ。

ただし、事件以後、空港でのチェックが厳しくなったのは間違いない。当然、時間も余計にかかる。本書では、第6章で「空港で最も重要な資源は時間」と述べているが、その重要さと貴重さは増したわけだ。いままでよりもさらに時間の余裕をもって行動することが必要だ。

また、紛争地域には、特別の用事がない限り、近づかないほうがよい。

2002年の4月、ヨルダン川西岸ベツレヘムの戦闘地域に、二人の日本人旅行者が迷い込んだというニュースがあった。イスラエル軍の侵攻作戦中と知らずにキリスト聖誕教会を探し回っていたところを、防弾チョッキにヘルメット姿の報道カメラマンに救助されたのだそうだ。ガイドブックを読むのに夢中になっていたため、外出禁止令で無人になった街の異変に気づかなかったのだという。

戦場に突然現れた観光客に、パレスチナ住民は困惑したそうだ。日本国内での安全感覚は、世界の常識とかけ離れていることを決して忘れてはならない。外務省のホームページには、危険地域の情報がある。出発前にチェックすることが必要だ。

旅行中も、できるだけニュースに接するように心がけたい。ある程度以上のホテルなら、部屋のテレビでCNNなどの英語放送が聞けるはずだ。ベツレヘムの日本人旅行者は、半年前に旅行に出たきり、中東情勢を全く知らなかったという。何とも危険なことだと思う。

本書が強調するのは、海外一人旅の楽しさとともに、その必要性である。個人旅行と団体旅行はまったく別のものだ。日本人にとって必要なのは、団体で名所を歩きまわって見聞を広めることでも、ブランド品を買ってくることでもない。異国の孤独な一人旅を通じて、自分自身を見つめ直すことだ。

私は、その必要性がとくに強いのは、日本人のビジネスマンと会社経営者の方々だと思う。会社という狭い世界のことで頭がいっぱいになっている日本のビジネスマンは、1年に一度くらいは海外の自由な旅を楽しんだらどうだろう。そうしたことによってこそ、将来への新しい構想が湧《わ》いてくるに違いない。

日本の会社幹部が外国にゆくと、海外支店の担当者が全日程の世話をし、部下や秘書役が旅行の雑事を何から何までやることが多い。仕事の出張の場合は別として、観光旅行までこうでは、海外旅行をする意味がない。日本のビジネスマンや経営者が、一人の海外旅行を楽しめるようになったとき、そしてそのときに初めて、日本も大きく変わるのだと思う。

文庫化にあたって、単行本に掲載した写真等の一部は、割愛せざるをえなかった。ただし、「巻頭特別篇」と「ヴァーチャル・ツアー」は、ほぼ単行本と同じものを掲載することができた。もとの単行本の「楽しさ」をそのままの形で残すことができて、嬉《うれ》しく思う。

「巻頭特別篇」に写真を載せたスコットランドの湖は、J・R・R・トールキンの『指輪物語』に登場するケレド・ザラム湖に違いないと、私が信じている場所である。『指輪物語』は映画化され、そこにはケレド・ザラム湖もほんのちょっと顔を見せた。映画と本書と、どちらが本物と考えられるだろうか？　読者の方々のご意見を伺ってみたい。

文庫版へのとりまとめに際し、新潮社出版部の福田由実氏にお世話になった。また、『「超」旅行法』の雑誌『シンラ』掲載時と単行本の出版の際に担当してくださった同葛岡晃氏には、文庫化に際しても大変お世話になった。厚く御礼申し上げたい。

2003年2月

野口悠紀雄

や行

ら行

わ行

ま行

た行

な行

は行

索引

ABC & 123

あ行

この作品は平成十一年十一月新潮社より刊行された。

「超《ちよう》」旅《りよ》行《こう》法《ほう》

新潮文庫　の－11－4

平成十五年四月一日発行

著者　野《の》口《ぐち》悠《ゆ》紀《き》雄《お》

発行者　佐藤隆信
発行所　株式会社新潮社
郵便番号　一六二―八七一一
東京都新宿区矢来町七一
電話　編集部(〇三)三二六六―五四四〇
　　　読者係(〇三)三二六六―五一一一

印刷・大日本印刷株式会社　製本・株式会社大進堂

ISBN4-10-125624-1 C0126